Rick Warren

DREI GESCHENKE FÜR DICH

Warum Gott Weihnachten erfand

Über den Autor

Bekannt wurde *Rick Warren* als Gründer der „Saddleback Community Church". Er und seine Frau starteten die Gemeinde zu Hause mit einer Familie. Heute ist sie mit 20.000 Gottesdienstbesuchern eine der vielfältigsten und schnellstwachsenden Kirchen in den USA.

Sein Buch „Leben mit Vision" schlägt weltweit hohe Wellen. Seit seiner Veröffentlichung im Oktober 2002 verkaufte es sich bislang über 30 Millionen Mal und damit so oft wie kein anderes Hardcover-Buch in den USA in den letzten Jahren. Es wurde in mehr als 50 Sprachen übersetzt. Auch in Deutschland wurden inzwischen über 250.000 Exemplare verkauft.

RICK WARREN

DREI GESCHENKE

für dich

Warum Gott Weihnachten erfand

FSC

Mix
Produktgruppe aus vorbildlich
bewirtschafteten Wäldern und
anderen kontrollierten Herkünften

Zert.-Nr. SGS-COC-1940
www.fsc.org
© 1996 Forest Stewardship Council

Verlagsgruppe Random House FSC-DEU-0100
Das FSC-zertifizierte Papier *München Super* für dieses Buch
liefert Mochenwangen.

1. Auflage September 2009
2. Auflage Dezember 2009
Bestell-Nr. 816 421
ISBN 978-3-86591-421-7

Umschlaggestaltung: Immanuel Grapentin
Satz: Die Feder GmbH, Wetzlar
Druck und Verarbeitung: CPI Moravia

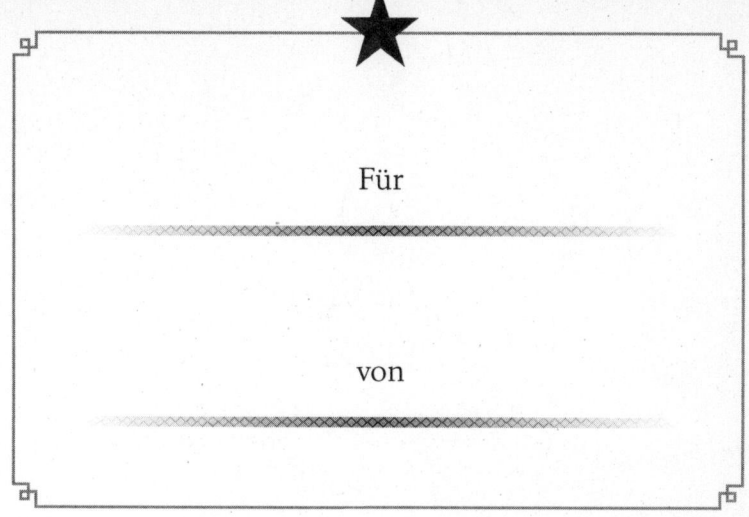

Für

von

„Auf einen Freund
kannst du dich immer verlassen;
wenn es dir schlecht geht,
ist er für dich wie ein Bruder."

SPRÜCHE 17,17

Dieses Buch

ist jenen gewidmet,

die Gottes Weihnachtsgeschenk

für uns annehmen,

auspacken

und sich darüber freuen.

Frohe Weihnachten!

RICK WARREN

Inhalt

Die Bedeutung

von

Weihnachten

„Jedes Ereignis, alles auf der Welt hat seine Zeit." Prediger 3,1

Warum so viel Wirbel um Weihnachten?

Rund um den Globus ist Weihnachten das größte und am längsten dauernde Fest des Jahres. Andere Feiertage dauern, wie der Name schon sagt, einen Tag lang, aber für Weihnachten ist im Grunde jeder einzelne Tag eines Monats von Bedeutung, und zwar des zwölften Monats des Jahres. Während der Weihnachtszeit unterbrechen Milliarden von Menschen ihre Alltagsroutine, um ihre Häuser zu dekorieren, Grußkarten zu verschicken, Geschenke zu kaufen, Weihnachtsfeiern zu besuchen, an Gottesdiensten teilzunehmen, Weihnachtslieder zu singen, im Fernsehen Weihnachtssendungen anzuschauen, und sie reisen weite Strecken, um bei ihren

Familien zu sein. Weihnachtliche Klänge erfüllen die Luft und überall sieht es nach Weihnachten aus. Es gibt ganze Läden und Berufszweige, die sich ausschließlich mit der Vorbereitung und den Feierlichkeiten dieser Zeit beschäftigen. Wenn Weihnachten vor der Tür steht, können Sie das nicht übersehen. Weihnachten ist überall.

Wenn wir einmal innehalten und darüber nachdenken, dass die einfache, bescheidene Geburt eines Jungen vom Land vor zweitausend Jahren im Nahen Osten bei uns heute einen solchen Wirbel verursacht, ist das schon verblüffend: Sein Geburtstag ist heute in Städten wie New York, Tokio oder Rio de Janeiro jedes Jahr wieder die Ursache für Verkehrsstaus.

Möglicherweise haben Sie noch nie realisiert, dass Sie jedes Mal, wenn Sie einen Blick in Ihren Kalender werfen oder einen Termin vereinbaren, Jesus Christus als Ausgangspunkt benutzen. Wegen Jesus wurde die Zeitgeschichte in „vor Christus" und „nach Christus" unterteilt. Jedes andere Ereignis in der Geschichte und auf Ihrem Kalender wird mit Hilfe der Tage und Jahre datiert, die seit dem Zeitpunkt vergangen sind, als Jesus auf diese Erde kam. Auch *Ihr* Geburtstag wird auf der Grundlage seines Geburtstages datiert.

In der Nacht, in der Jesus Christus in Bethlehem geboren wurde, trieb eine kleine Gruppe armer Schafhirten ihre Schafherden ruhig auf ein nahe gelegenes Feld. Wenn man zu den Sternen hinaufblickte, schien die Nacht sich nicht von tausend anderen zuvor zu unterscheiden. Doch was dann noch geschehen würde, sollte nicht nur das Leben der Hirten verändern, sondern ebenso das Leben Milliarden anderer Menschen. Die Welt würde nie mehr dieselbe sein. Plötzlich erleuchtete ein helles Licht den Himmel, und ein von Gott gesandter Engel kam zu den Hirten und begann, zu ihnen zu sprechen. Es erschien ihnen unglaublich und erschreckte sie.

In der Bibel finden wir die bekannte Weihnachtserzählung:

> *Und es waren Hirten in derselben Gegend auf dem Felde bei den Hürden, die hüteten des Nachts ihre Herde. Und der Engel des Herrn trat zu ihnen, und die Klarheit des Herrn leuchtete um sie; und sie fürchteten sich sehr. Und der Engel sprach zu ihnen: ‚Fürchtet euch nicht! Siehe, ich verkündige euch große Freude, die allem Volk widerfahren wird;*

denn euch ist heute der Heiland geboren, welcher
ist Christus, der Herr, in der Stadt Davids.
Und das habt zum Zeichen: Ihr werdet finden das
Kind in Windeln gewickelt und in einer Krippe liegen.'
Und alsbald war da bei dem Engel die Menge
der himmlischen Heerscharen, die lobten Gott und
sprachen: ,Ehre sei Gott in der Höhe und Friede auf
Erden bei den Menschen seines Wohlgefallens.' 66

LUKAS 2,8–14 (LUTHER)

Der Engel sagte, dass Weihnachten allen Menschen „große Freude" bereiten würde. Ach, wirklich? Vielen Leuten kommen die Weihnachtsvorbereitungen eher wie eine Hetzjagd vor und nicht wie eine Quelle des Glücks. Die Weihnachtszeit ist für sie eher eine Quelle des Stresses. Sie empfinden Frust und keine Freude, wenn Weihnachten näher rückt. Es ist ein Muss und keine Muße. Sie ertragen Weinachten eher, als sich darüber zu freuen.

Es gibt viele Gründe dafür, warum Sie sich während der Weihnachtszeit eingeengt, einsam oder sogar deprimiert fühlen können. Vielleicht müssen Sie diese Zeit mit anstrengenden Verwandten verbringen. Vielleicht sind die Beziehungen in Ihrer Familie schwierig und überstrapaziert. Vielleicht haben Sie auch niemanden, mit dem Sie diese Zeit gemeinsam verbringen können. Vielleicht erinnert Weihnachten Sie an Verluste, Verletzungen oder an schmerzhafte Veränderungen. Vielleicht gehören Sie einer Religion an, in der Weihnachten keine Rolle spielt, oder Sie können einfach nicht glauben – Sie werden schwermütig, während die anderen feiern und Sie bloß darauf warten, dass es endlich vorbei ist. Vielleicht sind Sie auch einfach erschöpft und müde von all dem, was im vergangenen Jahr in Ihrem Leben passiert ist. An diesem Weihnachten sorgt Gott sich aus tiefstem Herzen darum, wie Sie sich fühlen, und ich auch. Das ist der Grund, warum ich dieses Buch geschrieben habe.

Ungeachtet Ihres Hintergrundes, Ihrer Religion, Ihrer Probleme oder Umstände ist Weihnachten wirklich die beste Nachricht, die Sie jemals bekommen können. Unter all den weihnachtlichen Dekorationen und Klängen stecken einige einfache, aber grundsätzliche Wahrheiten, die Ihr Leben hier auf dieser Erde und für immer und ewig verändern können. In diesem Augenblick gibt es nichts Wichtigeres, als dass Sie die tiefere Bedeutung von Weihnachten für Ihr Leben verstehen.

Wenn Sie einige Minuten lang einen Gang zurückschalten, dann nutzen Sie diese doch, um dieses kleine Buch zu lesen. Legen Sie eine Pause ein, um über die Bedeutung von Weihnachten nachzudenken und sich über das beste Geschenk zu freuen, das Sie jemals erhalten werden. Das ist Gottes Weihnachtsgeschenk für Sie.

Gottes Weihnachtsgeschenk hat drei Eigenschaften, die es zu etwas so Einmaligem machen. Zum einen ist es das wertvollste Geschenk, das Sie jemals bekommen werden. Es ist nicht käuflich. Jesus hat es mit seinem Leben bezahlt. Zum anderen ist es das einzige Geschenk, das *für immer* hält. Und zuletzt ist es ein sehr praktisches Geschenk – eines, das Sie an jedem einzelnen Tag Ihres Lebens benutzen können.

Interesse?

Es ist kein Zufall, dass Sie dieses Buch lesen. Gott hat Ihre Geburt geplant, und er wusste sogar schon vor Ihrer Geburt, dass dieser Augenblick kommen würde. Es könnte tatsächlich sein, dass Ihr gesamtes bisheriges Leben Sie auf diesen Augenblick vorbereitet hat, in dem Sie Gottes Weihnachtsgeschenk annehmen.

In der ersten Weihnachtsnacht gab der Engel drei Gründe für die Geburt Jesu bekannt:

WEIHNACHTEN IST EINE ZEIT ZUM FEIERN!

WEIHNACHTEN IST EINE ZEIT DER ERLÖSUNG!

WEIHNACHTEN IST EINE ZEIT DER VERSÖHNUNG!

EINE ZEIT ZUM FEIERN

*„Diesen Tag hat er
zum Fest gemacht;
lasst uns fröhlich sein
und jubeln!"* PSALM 118,24

Weihnachten ist eine Feier. Um genau zu sein, ist es eine Geburtstagsfeier – für Jesus –, und Geburtstagsfeiern sind dazu da, um gefeiert zu werden. Deshalb sagen wir auch: „Frohe Weihnachten!"

Paradoxerweise wird bei den meisten Weihnachtsfeiern die Person, deren Geburtstag wir in Wahrheit feiern, komplett ignoriert. Sie wird sogar noch nicht mal erwähnt. Obwohl Jesus der Grund für diese Feiertage ist, wird er zwischen all den bekannten erfundenen Figuren wie dem Weihnachtsmann, Rudolf dem Rentier, dem Nikolaus, Knecht Ruprecht und dem Christkind meistens übersehen oder in einem Zug mit diesen Wesen genannt.

Als ich dieses kleine Buch schrieb, beschloss ich, unter Weihnachtseinkäufern eine Umfrage zu starten. Ich

fragte sie: „Was feiern Sie dieses Jahr an Weihnachten?"
Die meisten Antworten hatten nichts mit Jesus zu tun:

* „Ich feiere, dass ich wieder ein Jahr durchgehalten habe."

* „Ich feiere, dass ich bei meiner Familie zu Hause sein kann."

* „Ich bekomme Weihnachtsgeld."

* „Mein Sohn ist aus dem Irak nach Hause gekommen."

* „Der Politiker, für den ich gestimmt habe, wurde gewählt."

* „Ich feiere, dass ich meine Einkäufe hinter mich gebracht habe."

* „Ich feiere gar nichts. Ich versuche zu überleben."

Sich auf Weihnachten vorzubereiten kann viel Arbeit bedeuten – vor allem für Mütter. Sie sind dem Druck ausgesetzt, Geschenke zu kaufen, Grußkarten zu verschicken, Häuser zu dekorieren, Lichterketten anzubringen, zu kochen, Feste zu organisieren und anschließend wieder alles sauber zu machen und aufzuräumen. Bei alldem bleibt nur wenig Zeit, um sich über die wahre Bedeutung von Weihnachten zu freuen.

Der erste Grund für Weihnachten ist das _Feiern!_ Wir erkennen dies an der Botschaft des Engels, die er den Hirten von Bethlehem offenbarte. Gott hat eine tolle Nachricht für uns, die dazu führt, dass wir uns freuen, feiern und ein Fest veranstalten:

> _Siehe, ich verkündige euch große Freude,
> die allem Volk widerfahren wird._
>
> Lukas 2,10 (Luther)

Die gute Nachricht von Weihnachten ist es wert, dass man sie feiert, und zwar aus folgenden drei Gründen: Es ist eine persönliche Nachricht: _„Ich verkündige (sie) euch ..."_ Es ist eine positive Nachricht: _„... große Freude ..."_ Und es ist eine universale Nachricht: _„die allem Volk ..."_ Ganz gleichgültig, wer Sie sind, was Sie getan haben, woher Sie kommen oder woran Ihr Herz hängt: Diese Nachricht gilt auch für Sie.

In einer amerikanischen Zeitschrift gibt es eine Rubrik mit dem Titel „Nützliche Nachrichten". Ich lese diesen Abschnitt immer als Erstes. Der Engel brachte auch uns eine nützliche Nachricht – eine Nachricht, die wir nutzen können. Es ist die beste Nachricht der Welt:

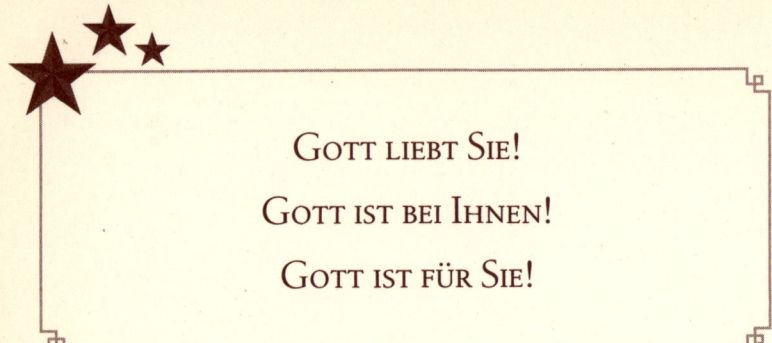

GOTT LIEBT SIE!

GOTT IST BEI IHNEN!

GOTT IST FÜR SIE!

Weihnachten ist eine Zeit, um zu feiern, dass Gott Sie liebt!

Die bekannteste Aussage der Bibel ist Jesu Erklärung, warum Gott ihn auf diese Erde sandte: *„Denn Gott hat die Welt so sehr geliebt, dass er seinen einzigen Sohn für sie hergab. Jeder, der an ihn glaubt, wird nicht zugrunde gehen, sondern das ewige Leben haben.“*[1]

Der eigentliche Grund, aus dem wir Weihnachten feiern, ist Gottes Liebe. Gott liebt Sie so sehr, dass er als Mensch auf diese Erde kam, damit Sie ihn kennenlernen können; damit Sie lernen, ihm zu vertrauen, und damit Sie ihn ebenfalls lieben können. Theologen nennen das *Menschwerdung*. Gott wurde einer von uns, ein menschliches Wesen, damit wir verstehen können, wie er wirklich ist. Im Gegensatz zu den Tieren hat Gott uns als Menschen die Fähigkeit gegeben, ihn in einer ganz besonderen Weise kennenzulernen. Er hat uns als *sein Ebenbild geschaffen, das ihm ähnlich ist*[2], was auch die Fähigkeit beinhaltet, eine persönliche Beziehung zu ihm zu pflegen. Dann übernahm er die Initiative und sandte Jesus, damit wir verstehen lernen, wie sehr er uns liebt, und damit wir begreifen, dass wir ihn brauchen.

Wenn wir seine Schöpfung beobachten, erfahren wir schon ein wenig über Gott. Wenn wir uns die Natur näher ansehen, erkennen wir zum Beispiel, dass unser Schöpfer die Vielfalt liebt: Er schuf ein unglaublich vielschichtiges Universum. Denken Sie nur an die unzähligen Arten von Pflanzen, Tieren, Felsformationen, Schneeflocken und Menschen. Es gibt keine zwei Menschen, die einander bis ins Letzte gleichen, selbst Zwillinge tun dies nicht. Gott hat keine Klone oder Kopien erschaffen. Jeder von uns ist ein Original, ein Unikat. Nachdem Sie geboren wurden, hat Gott die Gussform für Ihre Person vernichtet.

Durch Naturerscheinungen wissen wir auch, dass Gott mächtig und organisiert ist und dass er Schönheit liebt. Wir alle ahnen, dass es Gott gefallen muss, uns dabei zu beobachten, wenn wir uns über das freuen, was er geschaffen hat. Warum sollte er uns sonst so viele Möglichkeiten gegeben haben, etwas zu genießen? Er gab uns Geschmacksknospen und füllte die Welt dann mit unglaublichen Geschmäckern, wie etwa Schokolade und Zimt und andere Gewürze. Er gab uns Augen, damit wir Farben wahrnehmen können, und füllte die Welt dann mit einem ganzen Regenbogen an Farbschattierungen. Er gab uns empfindsame Ohren und füllte die Welt dann mit Rhythmen und Musik. Ihre Fähigkeit, die Welt mit allen Sinnen zu genießen, ist ein Beweis für Gottes Liebe zu Ihnen. Er hätte die Welt geschmacklos, farblos und lautlos machen können, aber in der Bibel können wir nachlesen, dass Gott *„uns mit allem reich beschenkt, damit wir es genießen können"*[3]. Er hätte es nicht tun müssen, aber er hat es getan – weil er uns liebt.

Bis Jesus kam, war unser Verständnis von Gottes Liebe unvollständig. Also kam Gott selbst auf die Erde! Es war die größte „Invasion" in der Geschichte, und seitdem ist nichts mehr, wie es vorher war. Gott hätte tausend Wege wählen können, um mit uns zu kommunizieren, aber seit er uns geschaffen hatte, wusste er, dass die

Kommunikation mit uns am besten von Angesicht zu Angesicht funktioniert.

Wenn Gott sich Vögeln hätte mitteilen wollen, wäre er ein Vogel geworden. Wenn Gott mit Kühen hätte kommunizieren wollen, wäre er eine Kuh geworden. Aber Gott wollte sich uns mitteilen, also wurde er einer von uns. Er sandte keinen Engel oder Propheten oder Politiker oder Botschafter. Er kam selbst. Wenn Sie wirklich wollen, dass Menschen wissen, wie sehr Sie sie lieben, dann schicken Sie ja auch keinen Stellvertreter, um es ihnen mitzuteilen. Sie müssen es persönlich sagen. Genau das hat Gott an Weihnachten getan.

In der Bibel heißt es, dass Gott Liebe ist. Dort heißt es nicht, dass Gott Liebe *hat*, sondern dass Gott Liebe *ist*. Liebe ist die Essenz von Gottes Charakter. Sie ist sein ureigenstes Wesen. Der Grund für die Existenz aller Dinge im Universum ist Gottes Liebe. *„Der Herr ist gut zu allen und schließt niemanden von seinem Erbarmen aus, denn er hat allen das Leben gegeben."*[4]

Denken Sie doch einmal darüber nach: Wenn Gott etwas nicht lieben wollte, dann hätte er es auch nicht erschaffen. Alles, was Sie sehen, *und die Billionen von Dingen, die Sie nicht sehen können*, wurden von Gott erschaffen, damit er sich daran erfreuen kann. Er liebt alles, auch wenn wir es mit unseren Sünden durcheinanderbringen. Er hat immer noch einen Plan. Jeder Stern, jeder Planet, jede Pflanze, jedes Tier, jede Zelle und vor allem jeder Mensch wurde erschaffen, weil Gott es liebt, Dinge zu erschaffen.

Sie wurden als Objekt für Gottes Liebe geschaffen. Er hat Sie gemacht, damit er Sie lieben kann! Seine Liebe ist der Grund dafür, dass Sie leben, atmen und jetzt dieses Buch lesen. Jedes Mal, wenn Ihr Herz schlägt, und jedes Mal, wenn Sie Luft holen, sagt Gott Ihnen: „Ich liebe dich." Sie würden nicht existieren, wenn Gott Sie nicht gewollt hätte. Obwohl es Menschen gibt, die unbeabsichtigt Eltern werden, gibt es keine unbeabsichtigten Babys. Möglich, dass ihre Eltern sie nicht geplant haben, aber Gott hat sie gewollt.

Wussten Sie, dass Gott an Sie gedacht hat, noch bevor er die Welt erschuf? Deswegen hat er nämlich die Welt erschaffen! Er kreierte diesen Planeten mit den richtigen Merkmalen, sodass Menschen darauf leben können. In der Bibel steht: *„Es war sein Wille, dass er uns durch das Wort der Wahrheit, durch die rettende Botschaft, neues Leben geschenkt hat. So sind wir der Anfang einer* *neuen Schöpfung geworden.*"[5] Wir sind Gott wichtiger als alles, was er sonst noch erschaffen hat.

Weil Gottes Liebe zu Ihnen bedingungslos ist, liebt er Sie an Ihren guten und an Ihren schlechten Tagen. Er liebt Sie, egal, ob Sie seine Liebe fühlen oder nicht. Er liebt Sie ungeachtet Ihrer Leistung, Ihrer Launen, Ihrer Taten und Ihrer Gedanken. Seine Liebe zu Ihnen ist unveränderlich. Alles andere wird sich während Ihres Lebens verändern, aber Gottes Liebe zu Ihnen bleibt für immer beständig und kontinuierlich bestehen. Sie ist die Grundlage für unerschütterliches Vertrauen.

Sie können nichts tun, das etwas an Gottes Liebe zu Ihnen verändern würde. Sie können es versuchen, aber Sie werden scheitern – denn Gottes Liebe zu Ihnen beruht auf seinem Wesen, nicht auf Ihrem Lebenswandel. Sie fußt darauf, wer er ist, und nicht darauf, was Sie getan haben. In der Bibel heißt es: *„Das ganze Ausmaß seiner Liebe [...], die wir doch mit unserem Verstand niemals fassen können.*"[6]

Ein mögliches Problem unseres jährlichen Weihnachtsfestes ist, dass viele Leute sich Jesus nur als Baby ausmalen! Ihre Vorstellung von ihm beschränkt sich auf ein hilfloses Neugeborenes in den Armen seiner Mutter.

Wenn Jesus nicht erwachsen geworden wäre, um das zu tun, wozu er gekommen war, hätte er nicht die Macht besessen, unser Leben zu verändern.

Doch das Baby, das in Bethlehem geboren wurde, blieb kein Baby. Jesus wurde ein Erwachsener und lebte uns die Art von Leben vor, die Gott gefällt. Er lehrte uns die Wahrheit, bezahlte durch seinen Tod am Kreuz jede einzelne unserer Sünden und bewies dann, dass er Gott ist und uns retten kann, indem er wieder lebendig wurde. Das ist die Gute Nachricht. Als die Römer Jesus an das Kreuz nagelten, streckten sie seine Arme, so weit es ging. Mit diesen weit geöffneten Armen erklärte Jesus im Grunde: „Ich liebe dich so sehr! Ich liebe dich so sehr, dass es wehtut! Ich würde lieber sterben, als ohne dich zu leben!" Wenn Sie das nächste Mal ein Bild oder eine Statue sehen, die Jesus mit weit geöffneten Armen am Kreuz zeigt, dann denken Sie doch einmal daran, dass er damit sagt: „Ich liebe dich *so* sehr!"

Weihnachten ist eine Zeit, um zu feiern, dass Gott bei Ihnen ist!

Wie ich bereits erwähnte, fühlen sich viele Menschen an Weihnachten oft einsam. Möglicherweise haben Sie gerade nicht das Gefühl, dass Gott bei Ihnen ist. Doch Gottes Gegenwart in Ihrem Leben hat nichts mit Ihren Gefühlen zu tun. Ihre Emotionen sind für alle möglichen äußeren Einflüsse anfällig, was sie oft unzuverlässig macht. Manchmal lautet der schlechteste Rat, den man Ihnen geben kann: „Hör auf dein Bauchgefühl." Was wir fühlen, ist häufig weder richtig noch realistisch. Ihr emotionaler Zustand kann das Ergebnis von Erinnerungen sein, von Hormonen, Medikamenten,

Essen, Schlafmangel, von innerer Anspannung oder Ängsten. Jedes Mal, wenn ich anfange, mir in bestimmten Situationen Sorgen zu machen, erinnere ich mich daran, dass Angst oft nichts anderes ist als das **A**ufplustern **n**ichtiger, **g**eringer **s**ituationsbedingter **T**hemen.

Gott kam an Weihnachten auf diese Welt, um Sie daran zu erinnern, dass er immer bei Ihnen ist, ganz gleich, wo Sie sind. Das ist eine Tatsache, egal, ob Sie sie glauben oder nicht. In der Bibel heißt es: *„Wie könnte ich mich dir entziehen; wohin könnte ich fliehen, ohne dass du mich siehst?"*[7]

Sie müssen jedoch Verbindung zu ihm aufnehmen oder Ihren inneren Empfänger auf seine Gegenwart einstellen, und das in jedem einzelnen Moment. Diese Fähigkeit kann man lernen. Ich habe in meinem Buch „Leben mit Vision" darüber geschrieben.

Manchmal bekommen Babys einen zweiten oder dritten Vornamen und werden nach Verwandten benannt. Gott gab den Auftrag, Jesus ebenfalls einige Beinamen zu geben. Sie sollten die Bedeutung seiner Ankunft auf der Erde erklären. Einer von Jesu Namen ist „Immanuel". Er bedeutet: *Gott ist mit uns.*[8] Es ist kein Wunder, dass der Engel den Hirten sagte: „Fürchtet euch nicht!" In Gottes Gegenwart verlieren Sie Ihre Angst. Gottes Nähe übertrumpft unsere Furcht.

Vielleicht wurden Sie schon mal verlassen – von Ihrem Ehepartner, Ihren Eltern, Ihren Kindern oder von Personen, von denen Sie dachten, sie seien Ihre Freunde. Jeder sieht sich einmal dem Kummer und dem Schmerz ausgesetzt, dass er in irgendeiner Weise abgelehnt wird. Vielleicht wurden Sie schon einmal Opfer rassistischer oder ethnischer Vorurteile, vielleicht auch aufgrund Ihres Alters oder wegen religiöser Intoleranz. Falls es so ist, dann tut es mir sehr leid. Doch Sie können sich einer Sache ganz sicher sein: Gott hat Sie jedoch nie verlassen! In der Bibel heißt es: *„Denn Gott hat uns versprochen: ‚Ich lasse dich nicht im Stich, nie wende ich mich von dir ab.'"*[9]

Eines von Gottes großen Versprechen lautet: *„Wenn du durch tiefes Wasser oder reißende Ströme gehen musst – ich bin bei dir, du wirst nicht ertrinken. Und wenn du ins Feuer gerätst, bleibst du unversehrt. Keine Flamme wird dich verbrennen."*[10] Ich weiß nicht, aufgrund welcher Schwierigkeiten Ihnen im Augenblick das Wasser bis zum Hals steht oder wo es in Ihrem Leben brennt, aber eines weiß ich: Was auch immer Ihnen Probleme bereitet – Gott weiß darüber Bescheid, er sorgt sich um Sie, versteht Sie und steht es mit Ihnen durch. Sie sind nicht allein. Und das bringt uns zu einem dritten Aspekt von Gottes guter Nachricht.

Weihnachten ist eine Zeit, um zu feiern, dass Gott für Sie ist!

Die Worte „für dich" oder „für euch" werden in der Bibel oft verwendet. Ein paar Beispiele: Wenn Jesus Menschen zum ersten Mal begegnete, waren seine ersten Worte an sie meist eine Frage: *„Was soll ich für euch tun?"*[11] Als Jesus das Abendmahl stiftete, sagte er: *„Das ist mein Leib, der für euch hingegeben wird."*[12] Paulus schrieb: *„Wenn Gott für uns ist, wer kann dann gegen uns sein?"*[13] Wenn Sie persönlich angegriffen werden, ist es großartig zu wissen, dass Gott *bei* Ihnen ist, aber es ist noch besser zu wissen, dass Gott *für* Sie ist!

Viele Menschen haben das Gefühl, dass Gott sie insgeheim „drankriegen" will, dass er ständig mit ihnen spielt – er wartet nur darauf, dass sie alles vermasseln und kaputt machen, damit er dann sagen kann: „Habe ich dir doch gleich gesagt." Gott ist für sie ein sadistischer kosmischer Nörgler, der seinen Spaß daran hat, unsere Pläne zu durchkreuzen, und der andauernd nach Gelegenheiten Ausschau hält, um uns zu kritisieren, zu verurteilen und uns dranzukriegen. Doch Gott selbst sagt uns das Gegenteil: *„Denn ich allein weiß, was ich mit euch vorhabe: Ich, der Herr, werde euch Frieden schenken und euch aus dem Leid befreien. Ich gebe euch wieder Zukunft und Hoffnung."*[14]

Es gibt niemanden, der Ihr Bestes mehr im Blick hat als Gott. Niemand weiß besser, was Sie wirklich glücklich macht! Gott möchte nicht, dass Sie Angst vor ihm haben. Er möchte, dass Sie *zu* ihm *hin-* und nicht vor ihm *weg*laufen. Tatsächlich sagt er in der Bibel 365 Mal: „Fürchtet euch nicht!" Das ist ein „Nicht-Fürchten" für jeden Tag des Jahres! Wovor haben Sie noch Angst? Keiner von uns weiß, was ihn nächstes Jahr erwartet, aber wir wissen, dass Gott uns liebt, dass Gott bei uns ist und dass Gott für uns ist. Ein Mensch mit Gott an seiner Seite ist in jeder Situation in der Mehrheit.

Woher kommt also unsere Angst vor Gott? Sie hat vor allem zwei Ursachen: ein schlechtes Gewissen oder dass man ignoriert, wer Gott wirklich ist. In der Bibel heißt es: *„Wirkliche Liebe ist frei von Angst. Ja, wenn die Liebe uns ganz erfüllt, vertreibt sie sogar die Angst. Wer sich also fürchtet und vor der Strafe zittert, der kennt wirkliche Liebe noch nicht."*[15] Schuld macht uns unsicher.

Ist Ihnen schon mal aufgefallen, dass manche Menschen jedes Mal ausgesprochen nervös werden, wenn jemand Gott oder Jesus erwähnt? Ich habe schon erlebt, dass Personen eine körperliche Reaktion zeigten, wenn die Sprache auf Jesus kam. Instinktiv verkrampften sich ihre Mägen, ihre Gesichter und ihre Muskeln. Vielleicht haben Sie selbst auch schon auf diese Weise reagiert und wundern sich, wieso. Adrenalin jagt durch Ihre Adern. Normalerweise tun wir dies, weil wir alle unausgesprochene, verborgene Schuld mit uns herumtragen: Wir schämen uns, weil wir etwas falsch gemacht, uns nicht richtig verhalten oder andere nicht gut behandelt haben. Wir nehmen an, dass Gott böse auf uns sei und wegen all der Situationen, in denen wir versagt haben, mit uns schimpfen werde. Also versuchen wir, dem Gespräch über ihn aus dem Weg zu gehen.

Doch Gott ist nicht böse auf Sie, er ist regelrecht ver-
rückt nach Ihnen! Jesus sagt: *„Gott hat nämlich seinen
Sohn nicht zu den Menschen gesandt, um über sie Gericht
zu halten, sondern um sie zu retten.“*[16] Wenn Sie das Leben von Jesus aufmerksam betrachten, werden Sie schnell
feststellen, dass Jesus es Ihnen nicht unter die Nase reibt,
wenn Sie einen Fehler begangen haben. Er streut kein
Salz in die Wunden, er verbindet all Ihre Wunden. Er
kam, um all Ihre Sünden, Fehler, Misserfolge und Schuld
auszulöschen. Das ist der Grund, warum der erste Satz,
den der Engel an die Hirten richtete, lautete: *„Fürchtet
euch nicht!“* Jesus kam, um uns zu retten, nicht um zu
richten! Und das ist ein Grund zum Feiern.

FEIERN SIE WEIHNACHTEN MIT
EINER GEBURTSTAGSPARTY FÜR JESUS!

Meine Schwester fand kürzlich ein Bild von mir, das mich im Alter von drei Jahren zeigt. Ich stehe neben einem Geburtstagskuchen mit Kerzen, den wir für Jesus gemacht hatten. Der Kuchen war meine Idee gewesen. Als Kleinkind hatte ich nämlich meine Mutter gefragt: „Warum gibt es eigentlich Weihnachten?" Mama erklärte geduldig, dass wir an Weihnachten den Geburtstag von Jesus feiern. Dank des Ideenreichtums eines Vorschulkindes zog ich mit meiner kindlichen Logik folgende Schlussfolgerung: „Na, dann sollten wir eine Geburtstagsparty veranstalten! Wir können Kuchen und

Brausepulver essen und Jesus ein Geburtstagsständchen bringen!"

Meine Mutter willigte ein: „Prima, das ist eine tolle Idee! Lass uns das machen."

Damit begann eine mittlerweile fünf Jahrzehnte andauernde Familientradition bei den Warrens. Wir feiern an jedem Heiligabend eine Geburtstagsparty für Jesus, komplett mit Kuchen und Kerzen, die das jüngste Kind (und jetzt das Enkelkind) auspusten darf. Vier Generationen nahmen bislang an diesem Fest teil.

Wir singen Lieder und lesen die Weihnachtsgeschichte aus der Bibel vor, aber zusätzlich beantwortet jedes Familienmitglied auch reihum zwei persönliche Fragen: „Für welche Dinge aus dem vergangenen Jahr bist du Gott dankbar?" und: „Da heute der Geburtstag von Jesus ist: Welches Geschenk wirst du ihm im nächsten Jahr machen?" Diese zwei einfachen Fragen haben zu einigen der tiefgründigsten und bewegendsten Momente in unserer Familiengeschichte geführt.

Wegen des rasanten Tempos der heutigen Zeit vergessen wir schnell, wie gut Gott zu uns ist, und gehen von der einen Herausforderung gleich zur nächsten über. Deshalb würde ich Ihnen empfehlen, eine jährliche Feier zu etablieren – eine Geburtstagsparty für Jesus, zu der Sie Ihre Familie und Ihre engsten Freunde einladen. Planen Sie einmal im Jahr eine Zeit ein, in der Sie innehalten und darüber nachdenken, wie Gott in Ihrem Leben gewirkt hat. Eine gute Methode, um die wahre Bedeutung von Weihnachten zu feiern, besteht darin, dass Sie diese Zeit nutzen, um sich all das Gute bewusst zu machen, das Gott Ihnen geschenkt hat, und dass Sie wieder neu den festen Entschluss fassen, Gott zu lieben und ihn besser kennenzulernen.

Unsere Partys verändern sich Jahr für Jahr, genauso wie sich auch unsere Familie verändert. Als mein Bruder, meine Schwester und ich noch jung waren, war die Atmosphäre entspannt, lustig und spielerisch. Als wir älter wurden, wurde der gemeinsame Austausch intensiver und tiefgründiger. Dieselbe Veränderung vollzog sich bei unseren Kindern und jetzt wiederholt sie sich bei unseren Enkelkindern. Indem wir uns darüber austauschen, was uns auf dem Herzen liegt, und die anderen auch an unserer Hingabe an Gott teilhaben lassen, wird unsere Beziehung zu Gott immer enger und intensiver, und das gilt auch für unsere Beziehung zueinander.

Generationen kommen und gehen. Meine Eltern

sind nun im Himmel. Doch in einer Welt, in der sich ständig alles verändert, hat unser Glaube an Jesus Christus unserer Familie Stabilität und die Kraft geschenkt, den unvermeidlichen Problemen des Lebens ins Auge zu sehen: Krebs, Tod eines geliebten Menschen, Arbeitslosigkeit, Eheprobleme, familiäre Konflikte, finanzielle Schwierigkeiten und all die anderen anstrengenden Belastungen. Ganz gleich, was Sie dieses Jahr an Weihnachten beschäftigt und belastet: Versuchen Sie, an diesem Tag das Richtige zu feiern. Es wird etwas verändern.

EINE ZEIT
DER
ERLÖSUNG

„Aber zu der von Gott
festgesetzten Zeit sandte er
seinen Sohn zu uns.
Christus wurde wie wir als Mensch
geboren und den Forderungen
des Gesetzes unterstellt." GALATER 4,4

Vor einigen Jahren saß ich an einem heißen Som-
mertag in meinem geparkten Auto und wartete darauf, dass meine Frau Kay vom Einkauf zurückkam. Unsere Tochter Amy war drei Jahre alt und saß hinten im
Auto angeschnallt in einem Kindersitz. Frustriert darüber, dass sie durch den Kindersitz eingeengt war und in
der Hitze warten musste, streckte sie ihren Kopf aus dem
Fenster und rief: „Bitte, Gott! Hol mich hier raus!"

Weil sie sich nicht selbst befreien konnte, brauchte
meine Tochter jemanden, der größer und mächtiger war
als sie, damit er sie aus ihrer frustrierenden Zwangslage
befreite. Haben Sie sich auch schon mal so gefühlt? Vielleicht empfinden Sie ja an diesem Weihnachtsfest ähnlich und würden am liebsten schreien: „Bitte, Gott! Hol
mich hier raus!"

Der zweite Grund, warum wir Weihnachten feiern, ist *Erlösung!* Die typische Definition von Erlösung ist die Befreiung von der Sünde, dem Tod und der Hölle. Sie schließt zweifellos all das ein, aber sie beinhaltet noch viel mehr. Wir sind nicht nur von etwas Bösem befreit, wir sind zu etwas Gutem befreit. In der Bibel wird darauf hingewiesen: „*Gott hat etwas aus uns gemacht: Wir sind sein Werk, durch Jesus Christus neu geschaffen, um Gutes zu tun. Damit erfüllen wir nur, was Gott schon im Voraus für uns vorbereitet hat.*"[17] Eph 2,10

Gott hat ein ganz tolles Ziel und einen guten Plan für Ihr Leben. Erlösung bedeutet auch, dass Sie die Freiheit und Kraft bekommen, um Gottes Ziele für Ihr Leben zu erfüllen.

Die Nachricht, dass das Angebot der Erlösung jedem Einzelnen auf dieser Welt gilt, der es annimmt, war die zweite Botschaft des Engels, die dieser den Schafhirten am ersten Weihnachtsfest überbrachte.

> „ *... denn euch ist heute der Heiland geboren, welcher ist Christus, der Herr ...* "
>
> LUKAS 2,11 (LUTHER)

Achten Sie darauf, dass dieser Heiland „euch geboren" oder „für euch gekommen" ist! Er kam Ihretwegen. Jesus ist ein persönlicher Retter. Was bedeutet das? Was bedeutet es, wenn jemand sagt: „Jesus ist mein persönlicher Erlöser", oder wenn jemand fragt: „Sind Sie errettet?"? Was ist damit gemeint?

Wahrscheinlich haben Sie bislang noch nicht viel darüber nachgedacht, dass Sie einen Retter brauchen oder dass Sie von irgendetwas befreit werden müssten. Bei meiner Umfrage unter den Weihnachtseinkäufern fragte ich auch: „Wovon müssen Sie befreit werden?" Die Antworten, die ich zu hören bekam, variierten sehr stark:

✶ „Von Sorgen."
✶ „Von den Benzinpreisen und meiner Schuld."
✶ „Von Menschen, die mich verletzt haben."
✶ „Von meinem Zorn."
✶ „Von meiner Vergangenheit – sie scheint mich immer wieder einzuholen."
✶ „Von meinen schlechten Gewohnheiten."
✶ „Von mir selbst."

Wenn Menschen in spiritueller Hinsicht über Erlösung nachdenken, haben sie oft eine sehr eng gefasste Vorstellung davon: Sie denken, Erlösung sei die Rettung vor der Hölle. Doch Gott hatte viel mehr im Sinn als nur eine Feuerversicherung, als er Jesus sandte, damit dieser unser Retter würde. Gottes Geschenk der wahren Erlösung beinhaltet Freiheit, Ziel und Sinn sowie Leben in drei verschiedenen Dimensionen. Seine Erlösung betrifft Ihre Vergangenheit, Ihre Gegenwart und Ihre Zukunft.

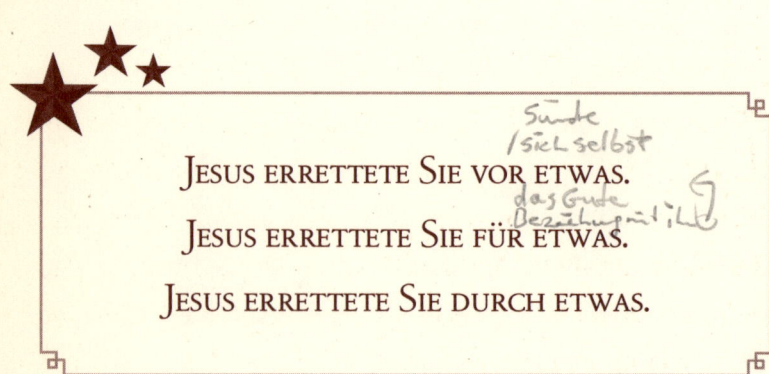

JESUS ERRETTETE SIE VOR ETWAS.

JESUS ERRETTETE SIE FÜR ETWAS.

JESUS ERRETTETE SIE DURCH ETWAS.

Jesus kam, um Sie vor der Sünde und vor sich selbst zu retten

Lassen Sie es mich geradeheraus sagen: *Sie* sind die Quelle Ihrer meisten Probleme. Selbst wenn andere Menschen Ihnen Probleme bereiten – Ihre natürliche Reaktion darauf macht diese oft noch schlimmer. Sie stellen sich selbst weitaus häufiger ein Bein, als Sie es merken oder zugeben würden. Wenn Sie ehrlich zu sich selbst sind, werden Sie zugeben, dass Sie Gewohnheiten haben, die Sie nicht ablegen können; dass Sie Gedanken haben, die Sie nicht denken wollen; dass Sie Emotionen haben, die Sie nicht mögen. Sie empfinden Unsicherheit und Angst, die Sie nicht verbergen können; Sie empfinden Bedauern und Verbitterung, die Sie nicht loslassen können; und Sie sagen Dinge, von denen Sie sich hinterher wünschen, sie nie ausgesprochen zu haben. Offensichtlich sind *Sie* Ihr größtes Problem. Damit sich Veränderung vollzieht, muss sie in Ihrem Herzen beginnen.

Wir alle kommen mit einem „Ich-Problem" zur Welt. Wir sind von Natur aus auf uns selbst ausgerichtet. Fragen Sie einen Elternteil danach, der ein Kind großgezogen hat. Man muss uns nicht beibringen, egoistisch zu sein. Das kommt von ganz alleine. Wenn Menschen von Natur aus selbstlos wären, würde es auf dieser Erde keine Konflikte geben, keine Scheidungen, keinen Missbrauch, keine Gier, keine Verbrechen, keinen Tratsch und keinen Krieg.

Wir neigen ganz natürlich dazu, unseren eigenen Weg gehen zu wollen, anstatt Gottes Weg für uns zu folgen. Diese Neigung, falsche Entscheidungen zu treffen statt richtige, bezeichnet man als Sünde. Jedes Mal, wenn ich mich selbst in den Mittelpunkt meines Lebens stelle, ist das Sünde. Dieses Wort bezeichnet also eine Haltung oder eine Handlung, die Gott den rechtmäßigen Platz – an erster Stelle in meinem Leben zu stehen – streitig macht.

Sünde ist unser größtes Problem und sie betrifft jeden. Sie und ich sündigen jeden Tag – durch unsere Worte, unsere Gedanken und unser Verhalten. Die Bibel sagt: *„Denn es ist kein Mensch auf der Erde so gottesfürchtig, dass er nur Gutes tut und niemals sündigt."*[18] Niemand ist perfekt. Niemand schafft alles. Niemand ist nur gut. Gott sagt: *„Alle sind Sünder und haben nichts aufzuweisen, was Gott gefallen könnte."*[19] Ich werde meinen eigenen unzulänglichen Maßstäben nicht gerecht, umso weniger Gottes perfekten Maßstäben! Das ist keine besonders populäre Ansicht, aber es ist auch keine brandaktuelle Neuigkeit. Falls Sie nicht den Kopf ganz tief in den Sand gesteckt haben, wissen Sie, dass Sie die ganze Zeit über falsche Entscheidungen treffen. In der Bibel heißt es: *„Wenn wir behaupten, sündlos zu sein, betrügen wir uns selbst. Dann ist kein Fünkchen Wahrheit in uns. … Wenn wir behaupten, wir hätten gar nicht gesündigt, dann machen wir Gott zum Lügner und zeigen damit nur, dass seine Botschaft in uns keinen Raum hat."*[20] Ich habe während meiner Reisen rund um den Globus Zehntausende von Menschen getroffen, doch darunter war nie jemand, der von sich behauptet hat, perfekt zu sein. *Nie.* Keiner von uns ist ohne Sünde, und das wissen wir auch.

Noch schlimmer ist, dass die Sünde zur Gewohnheit wird. Je mehr wir sündigen, desto leichter fällt es uns. Wenn Sie jemals versucht haben, von einer Sucht loszukommen, eine Diät durchzuhalten, Vorsätze für das neue Jahr umzusetzen oder Ihr Leben aus eigener Anstrengung zu verändern, wissen Sie, wie frustrierend das ist. Sie können sich gut mit dem Apostel Paulus identifizieren, wenn er schreibt: *„Ich verstehe ja selber nicht, was ich tue. Das Gute, das ich mir vornehme, tue ich nicht; aber was ich verabscheue, das tue ich. Bin ich mir aber bewusst, dass ich falsch handle, dann gebe ich damit zu, dass Gottes Gesetz gut ist. Das aber bedeutet: Nicht ich selbst tue das Böse, sondern die Sünde, die in mir wohnt, treibt mich dazu.“*[21]

Durch unser Verhalten – egal, ob bewusst oder unbewusst – schreien wir geradezu heraus: „Ich brauche Gott nicht! Ich will mein eigenes Leben führen und ich will mein eigener Gott sein. Ich denke, ich weiß besser als Gott, was gut für mich ist, also werde ich auch das tun, wozu ich Lust habe." Jedes Mal, wenn Sie tun, was Sie tun wollen, anstatt das zu tun, was Gott von Ihnen möchte, verhalten Sie sich, als wären Sie Gott. Dieser „kalte Krieg" mit Gott verursacht eine Menge Konflikte und Stress in Ihren Gedanken, Ihrem Körper und in Ihren Beziehungen.

Diese Haltung stolzen Eigenwillens führt zu einer Trennung von Gott, sodass Sie das Gefühl bekommen, weit von ihm entfernt zu sein. Das Gefühl, Gott sei Millionen Kilometer von Ihnen entfernt und dass Ihre Gebete bloß bis zur Zimmerdecke reichen und dort abprallen, ist darauf zurückzuführen, dass Sie Ihren Blick nur auf sich selbst richten. Wenn Sie das Gefühl haben, Gott sei weit weg, dann raten Sie mal, wer sich wegbewegt hat! Gott war es jedenfalls nicht. In der Bibel steht: *„Eure Schuld – sie steht wie eine Mauer zwischen euch und eurem Gott! Eure Sünden verdecken ihn, darum hört er euch nicht."*[22]

Unsere Trennung von Gott, die auf unser stures Sündigen zurückzuführen ist, ist die Ursache für jedes noch so kleine menschliche Problem auf dieser Welt. Auf persönlicher Ebene führt sie zu Sorgen, Angst, Trauer, Verwirrung, Depressionen, Konflikten, Entmutigung und Leere. Sie bringt uns dazu, dass wir uns auf eine Art und Weise verhalten, die Schuld, Scham, Wut und Bedauern hervorruft. Sie wurden nicht erschaffen, um getrennt von Gott zu leben; deshalb spüren Sie auch die Spannung, wenn Sie sich von ihm trennen. Sie fühlen sich geistlich leer.

Auf globaler Ebene sehen wir die Auswirkungen der Sünde überall um uns herum: Krieg, Ungerechtigkeit, Korruption, Vorurteile, Armut, Handel mit Sex und alle anderen unserer sozialen Probleme. Auch viele Krankheiten werden dadurch verursacht, dass wir uns weigern, Gottes Vorgaben für ein gesundes Leben zu folgen. Wer kann uns davor retten? Keine Regierung. Kein Unternehmen. Kein Wissenschaftler. Diese können sich nur mit den sichtbaren Symptomen und Auswirkungen der Sünde befassen. Doch dauerhafte Lösungen müssen in unseren Herzen beginnen und nur Gott kann unsere Herzen verändern.

Erlösung bedeutet Freiheit

*E*in anderes Wort für „Erlösung" ist „Freiheit". In der Bibel steht: „*In auswegloser Lage schrie ich zum Herrn: ,Hilf mir!' Er holte mich aus der Bedrängnis heraus und schenkte mir Freiheit.*"[23] Wovon bietet Jesus an, uns zu befreien?

Frei von *der Schuld der Vergangenheit.* Schuld ist der Preis, den wir dafür zahlen, wenn wir unser von Gott gegebenes Gewissen verletzen. Wir wissen: Wenn wir ein Gesetz übertreten, müssen wir eine Strafe zahlen. Wenn wir Gottes allgemeingültige moralische Gesetze übertreten, muss auch dafür jemand zahlen. Doch weil Gott uns so sehr liebt, sandte er Jesus, um dieses Problem zu lösen. *„Denn die Sünde wird mit dem Tod bezahlt. Gott aber schenkt uns in der Gemeinschaft mit Jesus Christus, unserem Herrn, ewiges Leben."*[24] Röm 6,23

Als Jesus am Kreuz starb, bezahlte er für alles, was Sie jemals falsch gemacht haben und *jemals in Zukunft falsch machen werden.* Ist das nicht Wahnsinn? Der größte Tauschhandel aller Zeiten und Sie und ich haben den größten Nutzen von diesem Geschäft. *„Denn Gott hat Christus, der ohne jede Sünde war, mit all unserer Schuld beladen und verurteilt, damit wir freigesprochen sind und Menschen werden, die Gott gefallen."*[25] 2 Kor 5,21

Gottes Vergebung ist weitaus mächtiger als alle Ihre Fehler und Sünden zusammen. Sie kriegen eine reine Weste. Das ist Freiheit. Selbst wenn es keinen Himmel und keine Hölle gäbe (aber es gibt sie), ist das Geschenk, nicht jeden Tag die Last eines schlechten Gewissens tragen zu müssen, einfach unbezahlbar.

Frei von *Bitterkeit und Wut*. Ohne Zweifel hat Sie in der Vergangenheit etwas von dem, was andere gesagt oder getan haben, verletzt. Wir haben keine Kontrolle darüber, was andere uns antun, aber wir können entscheiden, wie wir darauf reagieren. Bitterkeit ist das Krebsgeschwür unserer Gefühle. Wenn Sie Jesus nicht erlauben, Sie davon zu befreien, wird es auf Dauer Ihre Freude und Ihr Glück zerstören.

Frei von *den Erwartungen anderer*. Wie oft haben Sie etwas gesagt oder getan, was Sie gar nicht sagen oder tun wollten, nur weil Sie die Missbilligung anderer vermeiden wollten? Die Bibel sagt: *„Wer das Urteil der Menschen fürchtet, gerät in ihre Abhängigkeit."*[26] Sich ständig darüber Sorgen zu machen, was andere Leute über Sie denken, ist eine gefährliche Falle. Es wird Ihnen Ihr Selbstvertrauen rauben, Ihr Potenzial einschränken, Ihnen Ihre Energie rauben und Sie daran hindern, so zu werden, wie Sie in Gottes Augen sein sollten.

Das Gegenmittel gegen die Angst, bei anderen anzuecken, besteht darin, dass Sie Ihr Leben auf das Fundament von Gottes uneingeschränkter Liebe zu Ihnen aufbauen. Liebe befreit. Sie baut Selbstbewusstsein auf. In der Bibel heißt es: *„Wirkliche Liebe ist frei von Angst. Ja, wenn die Liebe uns ganz erfüllt, vertreibt sie sogar die Angst. Wer sich also fürchtet und vor der Strafe zittert, der kennt wirkliche Liebe noch nicht."*[27]

Ganz gleich, was Sie in Ihrem Leben machen werden, es wird immer einige Leute geben, die das nicht gut finden. Je heller das Licht ist, desto mehr Motten zieht es an. Als der Bekanntheitsgrad von „Leben mit Vision" wuchs, wurde ich zur Zielscheibe von böswilligen Kritikern, die es genossen, mich anzugreifen und meine Aussagen zu verdrehen. Ich versuchte damals, mich darauf zu konzentrieren, meine Frau Kay in ihrem Kampf gegen den Krebs zu unterstützen, aber diese zusätzlichen Angriffe waren einfach entmutigend. Gott sandte mir während dieser Erfahrung aber häufig kleine Erinnerungen an seine Liebe, die mich wieder aufbauten. An einem Wochenende predigten der bekannte Londoner Theologe und Autor John Stott und ich gemeinsam in der *Saddleback*-Gemeinde. John ist ein geistlicher Riese, den ich als Freund und Mentor sehr schätze. Nachdem wir beide gepredigt hatten, unterhielten wir uns leise, und John fragte mich, ob ich das Vorwort zu seinem Verkaufsschlager und Klassiker „Einführung in das Christentum" schreiben würde. Ich war gerührt, dass er in der Öffentlichkeit mit mir in Verbindung gebracht werden wollte. Jedes Mal, wenn ich mich in den nächsten Wochen daran erinnerte, sagte ich mir: *Von allen Leuten, die*

John Stott auf dieser Welt kennt und respektiert, hat er mich ausgewählt! Seine Zuneigung und die anderer Personen, die ich schätze, schenkten mir die Zuversicht, die Missbilligung von Menschen zu ignorieren, die mich gar nicht kennen.

Die Bestätigung von anderen Menschen ist ermutigend, aber es ist noch viel großartiger, wenn man sich von Gott tief geliebt und erwählt fühlt! In der Bibel heißt es: *„Schon vor Beginn der Welt, von allem Anfang an, hat Gott uns, die wir mit Christus verbunden sind, auserwählt. Wir sollten zu ihm gehören, befreit von aller Sünde und Schuld. Aus Liebe zu uns hat er schon damals beschlossen, dass wir durch Jesus Christus seine eigenen Kinder werden sollten."*[28] Wussten Sie das? Bevor die Welt erschaffen wurde, liebte Gott Sie schon. Die Bibel spricht oft davon, dass er Sie *erwählte, auswählte* oder *berief*, wenn es um Gottes Entscheidung geht, Sie bedingungslos zu lieben.

Wir alle haben Ablehnung erlebt und tragen die Narben davon in unseren Herzen. Sie erinnern sich zweifellos auch an diese schmerzhaften Zeiten in Ihrem Leben. Vielleicht haben sich die beliebten Kinder in der Schule immer über Sie lustig gemacht. Vielleicht waren Sie immer der Letzte, der in eine Mannschaft oder

Gruppe gewählt wurde. Vielleicht mussten Sie sich verletzende Bemerkungen von einem Elternteil anhören oder ein Freund oder Ehepartner ist aus Ihrem gemeinsamen Leben ausgestiegen. Mag sein, dass Sie jahrelang versucht haben, sich die Anerkennung von jemandem zu verdienen, der offenbar nie zufrieden war. Verstehen Sie bitte Folgendes: Wenn Sie die Anerkennung dieser Person bis jetzt nicht erlangt haben, werden Sie sie sehr wahrscheinlich nie erlangen. Doch die gute Nachricht ist, dass Sie keinerlei menschliche Anerkennung brauchen, um glücklich zu sein!

Wenn Sie sich davon befreien wollen, für die Anerkennung anderer zu leben, müssen Sie sich darauf konzentrieren, wie viel Sie Gott bedeuten und dass er Sie bedingungslos liebt. Hier sind einige Aussagen aus der Bibel, auf die Sie Ihren Blick richten können: *„Kann man wirklich noch mehr erwarten? Wenn Gott für uns ist, wer kann dann gegen uns sein?"*[29] *„Wer könnte es wagen, die von Gott Auserwählten anzuklagen? Niemand, denn Gott selbst hat sie von aller Schuld freigesprochen."*[30] *„Wenn Vater und Mutter mich verstoßen, nimmst du, Herr, mich doch auf."*[31]

So viele Menschen gründen ihre Identität auf das

Urteil und die Meinung der Personen in ihrem Umfeld. Aber das führt zu großer Unsicherheit. Finden Sie Ihre wahre Identität bei Gott und nicht in dem, was andere über Sie sagen. In seinem brillanten Buch „Jesus von Nazareth" schreibt Papst Benedikt XVI.: „Der Mensch kennt sich selbst nur, wenn er sich von Gott her zu verstehen lernt, und er kennt den anderen nur, wenn er in ihm das Geheimnis Gottes sieht."[32]

Frei von *schlechten Gewohnheiten*. Sie haben vermutlich inzwischen herausgefunden, dass gute Vorsätze für das neue Jahr nicht ausreichen, um aus selbstzerstörerischen Verhaltensmustern und Routinen auszubrechen. Sie haben versucht, sich zu ändern, aber Sie sind unvermeidlich in Ihre alten Verhaltensweisen zurückgefallen. Mit jedem neuen Kreislauf aus besten Absichten, Misserfolgen und schlechtem Gewissen fühlen Sie sich zunehmend mehr gefangen und ohne Hoffnung. Sie brauchen eine Kraft, die größer ist als Sie selbst. Sie brauchen einen Retter! Jesus sagt: „*Wenn euch der Sohn Gottes befreit, dann seid ihr wirklich frei.*"[33]

Es war nie Gottes Absicht, dass Sie Ihr Leben aus eigener Kraft bewältigen. Er möchte, dass Sie ihm vertrauen und sich auf ihn verlassen. Deshalb lässt er Probleme zu, die Sie nicht alleine bewältigen können. Eigentlich hatte er die Lösung für Ihr Problem schon längst, bevor Sie überhaupt wussten, dass es ein Problem gibt. Er wartet bloß darauf, dass Sie aufhören, es aus eigener Kraft schaffen zu wollen, und anfangen, ihm zu vertrauen.

Frei von *der Angst vor dem Tod*. Die Feuerprobe Ihres Glaubens zeigt sich nicht an Ihrem Verhalten bei Hochzeiten, Geburtstagen und Abschlussfeiern. Solange alles großartig läuft, können Sie an so ziemlich alles glauben, was Sie wollen. Aber wenn die Gefühlsstürme des Lebens Ihre Träume zerschlagen, wenn familiäre Erdbeben Ihre Beziehungen auseinanderreißen, wenn finanzielle Feuer Ihr Vermögen zu Asche verbrennen, wenn physische Schmerzen Ihren Körper quälen und wenn der Tod derer, die Sie lieben, Sie alleine und einsam zurücklässt – was wird Sie dann aufrichten und Ihnen Kraft schenken? Es ist dumm, den Kopf in den Sand zu stecken und nicht auf das vorbereitet zu sein, von dem jeder weiß, dass es unvermeidlich ist.

Als Pfarrer habe ich an zahllosen Begräbnissen teilgenommen, sodass ich sehr gut weiß, dass eine persönliche Beziehung zu Jesus sehr viel bewirkt, wenn es darum geht, mit dem Tod fertig zu werden. Ich habe in die Augen von Personen geblickt, die keine Hoffnung, keinen Schutzbrief für den Himmel hatten, und ich habe an den Gräbern den Schrecken und die Verzweiflung in ihren Herzen gespürt. Wenn Sie dem Tod ins Auge blicken, dann ist es ein großer Unterschied, ob Sie Jesus kennen – oder nicht.

Wenn Sie das für sich in Anspruch nehmen, was Jesus am Kreuz für Sie getan hat, wird Ihr ewiges Schicksal besiegelt werden, und Sie müssen den Tod nicht länger fürchten. In der Bibel heißt es: *„Die Kinder aber sind wir, Menschen aus Fleisch und Blut. Christus ist nun auch ein Mensch geworden wie wir, um durch seinen Tod dem Teufel – als dem Herrscher über den Tod – die Macht zu entreißen. So hat er alle befreit, die aus Furcht vor dem Tod ihr ganzes Leben hindurch Gefangene des Teufels waren."*[34]

Predigt Teil 2

Jesus kam, um Sie für einen bestimmten Zweck zu retten

An irgendeinem Punkt im Leben ringt jeder von uns mit drei grundsätzlichen Fragen. Die erste Frage ist die nach der eigenen Identität: „Wozu lebe ich?" Die zweite Frage ist die nach der eigenen Bedeutung: „Bin ich wichtig?" Und die dritte Frage ist die nach dem Sinn: „Was ist mein Auftrag?"

Gott hat niemals etwas ohne einen Zweck geschaffen. Sie können sich sicher sein, dass Gott einen Sinn für Ihr Leben hat, seit Sie auf der Welt sind. In der Bibel steht: *„Schon vor Beginn der Welt, von allem Anfang an, hat Gott uns, die wir mit Christus verbunden sind, auser-*

Eph 1,4f

wählt. Wir sollten zu ihm gehören, befreit von aller Sünde und Schuld. Aus Liebe zu uns. "[35] Doch da gibt es ein Problem: Jeder von uns ist von Gottes ursprünglichem Ziel für unser Leben abgeschweift. Wie ein Zug, der aus den Gleisen gesprungen ist, sind wir durch unseren eigenen Starrsinn und durch unsere sündigen Entscheidungen entgleist. Die Bibel sagt: *„Wir alle irrten umher wie Schafe, die sich verlaufen haben; jeder ging seinen eigenen Weg. Der Herr aber lud alle unsere Schuld auf ihn* [Jesus]. "[36]

Obwohl Gott uns für einen bestimmten Zweck schuf, sind wir alle viele Umwege gegangen, weil wir dachten, wir wüssten es besser. Also hat Gott Jesus als unseren Retter gesandt – um uns von der Sünde zu erlösen, um unser Leben wieder in die richtige Bahn zu lenken und um uns wieder zu unserem ursprünglichen Zweck einzusetzen. Wir sind nicht nur *vom* Bösen befreit; wir sind *für* das Gute befreit. *„Und Christus ist deshalb für alle gestorben, damit alle, die leben, nicht länger für sich selbst leben, sondern für Christus, der für sie gestorben und auferstanden ist.* "[37]

Mehr als dreißig Jahre lang hat mich eine Aussage in Apostelgeschichte 13, Vers 36 begleitet: Nach Gottes Willen diente David sein Leben lang seiner Generation, dann starb er. Der Satz „er [hatte] den Menschen seiner Zeit nach Gottes Willen gedient" ist die ultimative Definition eines gut geführten Lebens. Sie nutzen Ihr Leben, um etwas Zeitloses und Ewiges zu tun (Gottes Willen), und das auf eine zeitlich begrenzte und zeitgenössische Weise (in Ihrer eigenen Generation). Sie dienen jemandem, der sich niemals verändert (Gott), in einer Umgebung, die sich ständig verändert (die Welt). Das ist damit gemeint, wenn man *ein sinnerfülltes Leben* führt, und es gibt kein größeres Abenteuer, nichts Erfüllenderes, keinen besseren Weg, um ein dauerhaftes Vermächtnis zu hinterlassen.

Stellen Sie sich einmal die Inschrift auf Ihrem Grabstein vor. Ich bete dafür, dass andere das Folgende über Sie sagen können, wenn Sie sterben: dass Sie sich in Ihrer Generation ganz für Gottes Ziele eingesetzt haben. Es gibt keine bessere Beschreibung für Erfolg.

Gott schuf Sie, formte Sie, beschenkte Sie, berief Sie und rettete Sie für einen bestimmten Zweck. Deswegen heißt es in der Bibel: *„Dient vielmehr Gott mit allem, was ihr seid und habt. Weil ihr mit Christus gestorben seid und er euch neues Leben schenkte, sollt ihr jetzt Werkzeuge in Gottes Hand sein, damit er euch für seine Ziele einsetzen*

Rom 6,13

kann."[38] Nichts lässt sich mit dem Kick vergleichen, den man spürt, wenn man von Gott für die Erreichung eines bestimmten Zieles gebraucht wird. Das ist das, wonach Sie sich tief in Ihrem Herzen sehnen, und keine andere Erfahrung wird diesen Platz einnehmen. Genau dafür wurden Sie geschaffen.

In „Leben mit Vision" habe ich erklärt, dass jeder von uns auf einer von drei Ebenen lebt: Überleben, Erfolg oder Bedeutung. Die meisten Menschen auf der Welt leben auf der Überlebensebene. Die Hälfte der weltweiten sechs Milliarden Menschen lebt von weniger als zwei Dollar pro Tag. Über eine Milliarde lebt von weniger als einem Dollar pro Tag. Das ist die Überlebensebene.

Wenn Sie im westlichen Kulturkreis leben, leben Sie auf der Erfolgsebene, selbst wenn Sie das Gefühl haben, arm zu sein. Die meisten Menschen auf der Welt hätten liebend gern Ihre Probleme. Erfolg macht jedoch noch lange nicht zufrieden. Sie können eine Menge *für* Ihr Leben haben, aber trotzdem nichts, *wofür* Sie leben. Sie können so damit beschäftigt sein, Ihren Lebensunterhalt zu verdienen, dass Sie verpassen, Ihr Leben zu leben.

Sie wurden für weitaus mehr geschaffen als nur Erfolg. Sie wurden für eine tiefe Bedeutung geschaffen. Aber Sie werden Ihre Bedeutung nie in Vermögen, Vergnügen oder Karriere finden. Bedeutung kommt von „dienen" – das Leben für einen Zweck hergeben, der größer ist als Sie selbst. Jesus sagt: *„Wer sich an sein Leben klammert, der wird es verlieren. Wer aber sein Leben für mich und für Gottes rettende Botschaft einsetzt, der wird es für immer gewinnen."*[39]

Wenn Sie schließlich den Zweck erfüllen, für den Gott Sie erschaffen und Jesus Sie errettet hat, werden Sie feststellen: „Das ist der Platz, an den ich hingehöre! Dafür lebe ich! Das ist der Grund, warum es mich gibt. Jetzt weiß ich, warum ich lebe." All der Erfolg, den diese Welt uns zu bieten hat, wird Ihnen niemals jene tiefe Zufriedenheit schenken. Es wird immer ein Loch in Ihrem Herzen bleiben, weil Sie dazu geschaffen wurden, Gott zu kennen, zu lieben, ihm zu vertrauen und zu dienen.

Lassen Sie mich Ihnen also ganz gezielt die folgenden Fragen stellen: Sie wissen, dass nichts von dem, was Sie bislang ausprobiert haben, die Sehnsucht in Ihrem Herzen vollkommen gestillt hat – worauf warten Sie dann noch? Warum nehmen Sie Jesus nicht als Ihren

Retter an? Sie erhalten Vergebung für Ihre Vergangenheit, Sie bekommen eine Bedeutung für Ihr Leben und ein Zuhause im Himmel. Niemand sonst kann Ihnen diese Art von Angebot unterbreiten. Nur Gott allein.

Jesus kam, um Sie mit seiner Gnade zu retten

In praktisch jedem Bereich des Lebens – Schule, Sport, Arbeit – werden wir nach unserer Leistung beurteilt. Die amerikanische Arbeitsethik basiert auf Anstrengung, Schweiß, Wettbewerb und harter Arbeit. Amerikaner wachsen damit auf, dass man nichts umsonst bekommt: „Von nichts kommt nichts ... Wenn du's nicht tust, dann tut es niemand ... Wenn du willst, dass etwas richtig gemacht wird, dann mach es selbst ... Hilf dir selbst, dann hilft dir Gott."

Wenn es dann um geistliche Dinge geht, nehmen viele Leute an, dass Gott dieselbe leistungsorientierte

Ethik anwende. Vielleicht haben Sie das Gefühl, Sie müssten sich Gottes Annahme und Liebe verdienen und sich den Weg in den Himmel erarbeiten, indem Sie Gutes tun oder versuchen, perfekt zu sein. Falls Sie das denken, habe ich eine gute Nachricht für Sie: So läuft es nicht. Über das, was Sie tun müssen, um gerettet zu werden, schreibt die Bibel: *„Da fragten sie ihn: ‚Was sollen wir tun, um Gottes Willen zu erfüllen?‘ Er erwiderte: ‚Nur eins erwartet Gott von euch: Ihr sollt an den glauben, den er gesandt hat.‘“[40]* Ihre Erlösung hängt nicht davon ab, wie sehr Sie sich bemühen, sondern davon, ob Sie Jesus vertrauen. Es wird nicht geprüft, ob Sie diese Erlösung verdienen, sondern es geht darum, ob Sie sie im Glauben annehmen, obwohl Sie wissen, dass Sie sie nicht verdienen.

Das Konzept der Gnade klingt so fremd und widerspricht den gängigen Vorstellungen von Gott und anderen Religionen so sehr, dass viele Leute irritiert vor sich hinstarren, wenn die Bibel von der Erlösung als einem bedingungslosen Geschenk spricht, das Gott uns aus Gnade gibt. Es gibt ein geistiges und emotionales Missverhältnis. Wir sind so sehr gewohnt, dass Liebe an Bedingungen geknüpft ist („Ich werde dich lieben, *wenn* du ..." oder „Ich liebe dich, *weil* ..."), dass bedingungslose Gnade für uns ein ungewohnter und sogar unbequemer Begriff ist.

Religion ist der Versuch des Menschen, Gott zu gefallen. Gnade ist Gottes Hinunterbeugen zu den Menschen. Jede Religion lässt sich auf ein Wort reduzieren: „Tu!" „Erledige unsere Liste mit Dingen und du wirst dir Gottes Liebe verdienen." Jede Religion hat ihre individuelle Auflistung von Regeln, und wenn Sie diese Listen miteinander vergleichen, werden Sie feststellen, dass sie oft miteinander unvereinbar sind. Die große Idee hinter all den Religionen jedoch ist, dass Sie arbeiten, danach streben und große Anstrengungen vorweisen müssen, um zu erreichen, dass Sie Gott gefallen.

Gott kam also in Jesus auf die Erde, um eines grundsätzlich klarzustellen: „Ihr Menschen habt alles falsch gemacht! Klar ist es wichtig, Gutes zu tun, aber ich werde euch dadurch nicht mehr und nicht weniger lieben. Meine Liebe zu euch ist grenzenlos, uneingeschränkt, unveränderlich, und ihr könnt sie euch nicht verdienen. Also lasst mich euch ein neues Konzept namens Gnade beibringen. Ihr könnt es nicht kaufen, nicht erarbeiten oder gut genug sein, um es zu verdienen. Es ist ein Geschenk, das mich eine Menge kosten wird, aber für euch ist es kostenlos. Alles, was ich für euch, an euch, in euch und durch euch tue, ist ein Geschenk aus Gnade. Ich habe das alles für euch getan."

Während Religionen auf dem Wort „tun" basieren, basiert Erlösung auf dem Wort „getan". Als Jesus am Kreuz für Sie starb, rief er: *„Es ist vollbracht!"*[41] Es ist äußerst wichtig festzuhalten, dass Jesus nicht sagte: „Ich habe *alles* vollbracht", weil er noch gar nicht fertig war! Er hatte weitaus mehr zu erledigen. Drei Tage später war er wieder am Leben, auferstanden vom Tod, und hielt sich vierzig Tage lang in Jerusalem und Galiläa auf. Er traf sich mit Einzelpersonen und Gruppen von bis zu fünfhundert Menschen, bevor er in den Himmel aufstieg.

Was war also vollbracht? Die Bezahlung für Ihre Erlösung! Der Satz „Es ist vollbracht" ist auf Hebräisch eigentlich nur ein einziges Wort. Es wurde auf Rechnungen gestempelt, die beglichen worden waren, oder unter Gerichtsstrafen, die abgesessen waren. Es bedeutet: „Alles bezahlt." Religion sagt: „Tu!", Jesus sagt: „Getan!" Er hat sich schon um die Kosten für Ihre Erlösung gekümmert.

Vor Jahren fragte mich jemand: „Was muss ich tun, um in den Himmel zu kommen?" Ich schockierte ihn, indem ich antwortete: „Da sind Sie zu spät dran." Diese Antwort hatte er nicht erwartet und er hakte besorgt nach: „Was meinen Sie damit? Ist es zu spät, um noch etwas zu tun?" Ich entgegnete: „Sie brauchen eine Tat, die Jesus schon vor zweitausend Jahren für Sie getan hat. Alles, was Sie machen müssen, ist, anzunehmen, was er schon für Sie getan hat! Da gibt es nichts mehr hinzuzufügen. Es ist reine Gnade, sonst nichts."

In der Bibel heißt es: *„Denn nur durch seine unverdiente Güte seid ihr vom Tod errettet worden. Ihr habt sie erfahren, weil ihr an Jesus Christus glaubt. Dies alles ist ein Geschenk Gottes und nicht euer eigenes Werk. Durch eigene Leistungen kann man bei Gott nichts erreichen. Deshalb kann sich niemand etwas auf seine guten Taten einbilden."*[42] Denken Sie daran, dass Ihr Weihnachtsgeschenk von Gott *aus* Gnade und *durch* Vertrauen kommt.

Aus Gnade

Was ist Gnade? <u>Gnade ist Gottes Liebe in Aktion</u>. Gnade bedeutet, dass <u>Gott</u> Ihnen freiwillig <u>gibt, was Sie brauchen</u>, selbst wenn Sie es nicht verdienen und es ihm niemals zurückzahlen können. Gnade bedeutet, dass Gott Ihre Probleme löst, und zwar lange, bevor Sie überhaupt wissen, dass es ein Problem gibt. Gnade ist das Antlitz Gottes, wenn er Ihre Schuld, Ihr Versagen und Ihre Ängste betrachtet. Gnade bedeutet: **G**ott (wird) **n**ichts **a**nfordern, **d**as (schon) **e**rledigt (ist).

Gott sagt: „Ich weiß, dass du es versäumt hast, meinen vollkommenen Ansprüchen gerecht zu werden. *Alle sind Sünder und haben nichts aufzuweisen, was Gott ge-*

Röm 3,23

fallen könnte.[43] Der Himmel wäre kein vollkommener Ort mehr, wenn ich ihn mit unvollkommenen, sündigen Menschen füllen würde, also gibt es keine andere Möglichkeit, dir zu erlauben, in den Himmel zu kommen, als dass ich deine größten Probleme löse – eines kannst du aber selbst lösen. Du brauchst Vergebung und eine völlige Runderneuerung. Hier ist mein Plan: Ich werde als menschliches Wesen auf die Erde kommen und mich selbst aus Liebe opfern, um die riesige Schuld zu bezahlen, die du wegen deiner Sünden und dem Schaden, den sie angerichtet haben, verdient hast." Die Bibel lehrt uns: *„Gott hat den Schuldschein, der uns mit seinen Forderungen so schwer belastete, eingelöst und auf ewig vernichtet, indem er ihn ans Kreuz nagelte."*[44]

Weihnachten hätte keinerlei Bedeutung, wenn Jesus nicht am Kreuz für uns gestorben wäre und dann bewiesen hätte, dass er Gottes Sohn ist, indem er drei Tage später am Ostersonntag wiederauferstand. *„Denn Christus hat unsere Sünden, ja, die Sünden der ganzen Welt auf sich genommen; er hat sie gesühnt."*[45] Dadurch, dass Jesus gestorben ist, um Sie zu retten, hat er Ihre Schulden bezahlt, die Folgen Ihrer Sünden beglichen, Sie aus der Sklaverei des Bösen befreit und sich selbst an Ihre Stelle gesetzt, um die Strafe auf sich zu nehmen, die eigentlich Sie verdient hätten. Genau das meinen die Menschen, wenn sie das Lied „Amazing Grace" anstimmen.

Vielleicht können Sie sich glücklich schätzen und wissen sich aus tiefstem Herzen von anderen geliebt oder aber Sie fühlen sich in dieser Vorweihnachtszeit völlig ungeliebt. Unabhängig davon sollten Sie über Folgendes nachdenken: Kein Mann und keine Frau wird Sie jemals so vollkommen und aus tiefstem Herzen lieben wie Jesus. Dass er für Sie starb, beweist es. *„Das Einzigartige an dieser Liebe ist: Nicht wir haben Gott geliebt, sondern er hat uns seine Liebe geschenkt. Er gab uns seinen Sohn, der alle Schuld auf sich nahm, um uns von unserer Schuld frei-zusprechen."*[46] Je besser Sie verstehen, was Jesus am Kreuz getan hat, umso mehr werden Sie verstehen, worum es im Leben wirklich geht.

Wissen Sie, weshalb man angefangen hat, sich an Weihnachten Geschenke zu machen? Weil Gott am ers-ten Weihnachten das erste und größte Geschenk mach-te – das Geschenk seines Sohnes. *„Wir aber danken Gott für seine unaussprechlich große Gabe."*[47]

Unsere Welt ist voller frustrierter Menschen, die nicht wissen, wonach sie suchen, und selbst wenn sie es wüssten, wüssten sie nicht, wo sie es finden könnten. Sie wissen bloß, dass ihnen etwas fehlt, dass etwas in ihrem Leben nicht vollständig ist. An ihnen nagt das Gefühl, dass es im Leben doch noch mehr geben muss als eine Gehaltsabrechnung nach der anderen, bis man endlich in Rente gehen kann. Möglicherweise haben Sie versucht, durch Status, Sex oder Sicherheiten Erfüllung zu finden oder in Erfolg und Einkommen – aber alles hat nichts genutzt. Was Ihnen fehlt – was Sie *wirklich* brauchen – ist Erlösung. Sie wurden von Gott und für Gott geschaffen, und solange Sie das nicht verstanden haben, wird das Leben keinen Sinn machen.

Möglicherweise haben Sie an den falschen Stellen nach einem Retter gesucht: *Wenn ich doch nur den richtigen Mann oder die richtige Frau finden würde, wäre alles wunderbar. Wenn ich einen ganz bestimmten Arbeitsplatz oder eine Beförderung bekäme oder wenn ich ein Baby hätte oder einen bestimmten Wohlstand erreichen würde, dann würde ich mich erfüllt und zufrieden fühlen. Wenn ich doch nur einen schönen Körper hätte, die richtigen Leute beeindrucken könnte, die richtigen Dinge besitzen oder nach Tahiti ziehen könnte, dann würde meine Leere ausgefüllt werden.*

Die Antwort finden Sie nicht an einem bestimmten Platz, in einem Programm oder durch eine Pille. Die Antwort finden Sie in einer Person. Jesus ist die Antwort. Was Ihnen fehlt, ist eine Beziehung zu dem Einen, der Sie geschaffen hat, damit er Sie lieben kann. *„Gott hat uns alles geschenkt, was wir brauchen, um zu leben, wie es ihm gefällt. Denn wir haben ihn kennengelernt; er hat uns in seiner Macht und Herrlichkeit zu einem neuen Leben berufen."*[48] 2 Pet 1,3

> „ ... *euch ist heute der Heiland geboren, welcher ist Christus, der Herr* ... "
>
> LUKAS 2,11 (LUTHER)

Durch Vertrauen

Gott erklärt uns: *„Ihr werdet nur von eurer Schuld freigesprochen, wenn ihr Gott vertraut, und nicht, wenn ihr euch auf eure Taten beruft.“*[49] Der theologische Ausdruck für „von Schuld freigesprochen“ lautet: „gerechtfertigt“. Von Gott gerechtfertigt zu werden, bedeutet „ge(h)recht und fertig“, als ob Sie niemals gesündigt hätten! Der Haftbefehl gegen Sie wurde aufgehoben. Die Anklagen gegen Sie wurden fallengelassen. Das Bußgeld wurde beglichen. Die Schuld ist weg. Die Strafe ist bezahlt worden. Als wären alle Daten von der Festplatte eines Computers gelöscht worden, so sind die Nachweise zu all Ihren Sünden und Fehlern ausradiert worden. Wie

kommt es zu diesem großartigen Freispruch? Durch Vertrauen.

Genauso wie Eltern sich aus tiefstem Herzen danach
sehnen und sich wünschen, dass ihre Kinder ihrer Liebe
vertrauen, möchte Gott, dass Sie lernen, ihm zu vertrauen. In der Bibel heißt es: *„Denn Gott hat [...] an den* Heb 11,6
Menschen Gefallen, die ihm fest vertrauen. Ohne Glauben
ist das unmöglich. Wer nämlich zu Gott kommen will,
muss darauf vertrauen, dass es ihn gibt und dass er alle
belohnen wird, die ihn suchen."[50] Vertrauen lässt Gott lä-
cheln. Sie kommen nicht dadurch in den Himmel, dass
Sie etwas Bestimmtes *tun*, sondern nur, indem Sie einer
bestimmten Person *vertrauen*.

Als junger Mann war ich drei Jahre lang Rettungsschwimmer. Menschen geraten in Panik, wenn sie spüren, dass sie ertrinken, und fuchteln normalerweise wild
mit den Armen hin und her, um irgendetwas zu ergreifen, woran sie sich festhalten können. Jeder Rettungsschwimmer weiß: Wenn er versucht, jemanden zu retten,
der immer noch voller Adrenalin steckt und verzweifelt
versucht, sich zu retten, wird das Opfer den Rettungsschwimmer wahrscheinlich mit sich hinunterziehen. Ein
erfahrener Rettungsschwimmer weiß, dass er einen

Schritt weit entfernt bleiben, Wasser treten und warten muss, bis die ertrinkende Person aufgibt. Dann wird die Rettung leicht. Wenn das Opfer schließlich aufgibt, entspannt es sich, und der Rettungsschwimmer kann übernehmen. An diesem Punkt legt der Rettungsschwimmer einfach seinen Arm um den Hilflosen und schwimmt zurück zum Strand. Das Einzige, was die ertrinkende Person tun muss, ist, dem Rettungsschwimmer zu vertrauen. Eine Person kann jedoch erst gerettet werden, wenn sie den Versuch aufgibt, sich selbst zu retten.

Haben Sie schon den Versuch aufgegeben, sich selbst zu retten? Denken Sie doch einmal über Folgendes nach: Wenn Sie sich aus eigener Kraft retten könnten und wenn Sie nicht wirklich einen Retter bräuchten, dann hätte Gott enorme Energie, Anstrengung und Schmerzen verschwendet, um diesen Einen zu senden. Wenn es irgendeinen anderen Weg gäbe, denken Sie nicht, Jesus hätte sich lieber dafür entschieden, statt an einem Kreuz vor sich hinzuleiden?

Ich habe keine Ahnung, welche Sorgen oder Ängste Sie belasten, während Sie gerade diese Worte lesen. Aber Jesus weiß es, es kümmert ihn und er kann Ihnen helfen – wenn Sie ihm völlig vertrauen. Und er wird helfen.

Jesus fordert uns auf: *„Seid nicht bestürzt, und habt keine Angst! [...] Vertraut Gott und vertraut mir!"*[51] Joh 14,1

Gott wartet darauf, Sie retten zu können. Er will Sie *von* der Sünde und *für* seinen Zweck befreien und er rettet Sie aus Gnade und durch Vertrauen. Aber Sie müssen sich entspannen, den Versuch aufgeben, sich selbst zu retten, und darauf vertrauen, dass Ihr Retter es für Sie tut.

Vor Jahren besuchte ich meinen geschätzten Freund Peter Drucker zu Hause. Peter war ein wahres Universalgenie, der Vater der modernen Managementlehre und einer der brillantesten Denker des 20. Jahrhunderts. Ich fragte ihn: „Wie kam es dazu, dass du Jesus Christus als deinen Retter angenommen hast?" Er dachte einige Sekunden lang darüber nach und antwortete dann: „An dem Tag, als ich schließlich das Konzept der Gnade verstand, wurde mir klar, dass ich nie einen besseren Handel abschließen würde als diesen."

Als Jesus am Kreuz unsere Sünden bezahlte, standen die Skeptiker um ihn herum und verhöhnten und verspotteten ihn. Sie sagten: *„Dann rette dich doch selber! Komm vom Kreuz herunter, wenn du wirklich der Sohn Gottes bist!"*[52] Selbstverständlich ignorierte Jesus sie, denn das war nicht der Sinn und Zweck, weshalb er auf die Erde gekommen war. Er kam nicht, um *sich* zu retten. Er kam, um *Sie* zu retten.

Was haben Sie zu verlieren, wenn Sie zu Jesus Ja sagen? Sie werden durchaus etwas verlieren, und zwar: Schuld, Unsicherheit, Sinnlosigkeit, Angst vor dem Tod, Hoffnungslosigkeit, Sorgen, Scham, Ohnmacht und noch viele Lasten mehr, die Sie mit sich herumtragen, wenn Sie ohne Gottes Orientierungshilfe leben. Wer würde ein solches Angebot ausschlagen? Gott lässt Ihnen die Wahl. Sie können entscheiden, ein egoistisches, von Gott getrenntes Leben zu führen, oder Sie können beschließen, Ihre Meinung und Ihr Herz zu ändern und nicht mehr Ihre eigenen Wege zu gehen, sondern Jesus zu folgen. (Das nennt sich *Reue*.) Bitten Sie dann um Vergebung für all Ihre Sünden, und setzen Sie Ihr Vertrauen auf Jesus, Gottes Sohn, und auf das, was er bereits für Sie getan hat!

EINE ZEIT DER VERSÖHNUNG

*„Doch das ist nicht
der einzige Grund, Gott zu loben
und ihm zu danken:
Schon jetzt sind wir ja durch
unseren Herrn Jesus Christus
mit Gott versöhnt."* RÖMER 5,11

E in großer Teil der Weltgeschichte ist eine Geschichte von Konflikten. Während der <u>vergangenen 5.560 Jahre</u> gab es nahezu <u>15.000 Kriege</u>, und das sind nur die, von denen wir Kenntnis haben. Wir menschlichen Wesen scheinen nicht besonders gut darin zu sein, in Frieden miteinander zu leben. Wir verstehen sehr viel mehr von Streitigkeiten, Kämpfen und Fehden. Vor hundert Jahren ging man allgemein davon aus, dass alle Kriege verschwinden würden, wenn wir nur dafür sorgen würden, dass alle in den Genuss von Bildung kämen. Doch nachdem sich die am weitesten entwickelten Nationen des Planeten in zwei Weltkriegen gegenüberstanden, ist dieser naive Optimismus verschwunden. Ohne eine Verwandlung unseres Herzens ermöglicht uns Bildung lediglich, uns noch raffiniertere Methoden auszudenken,

wie wir uns gegenseitig umbringen können. In den Ge-
fängnissen sitzen viele brillante Köpfe. Ein geschulter
Verstand führt also nicht automatisch auch zu einer
friedfertigeren Einstellung. Was die Welt verzweifelt
braucht, ist *Versöhnung*.

Versöhnung ist die Wiederherstellung von Frieden:
Frieden mit Gott, Frieden mit anderen und Frieden in
Ihrem eigenen Herzen. Frieden ist das durchschlagende
Wundermittel gegen zerbrochene Leben und zerrüttete
Beziehungen. Versöhnung entschärft Konflikte und verwandelt Chaos in Stille. Sie mildert Auseinanderset-
zungen. Sie tauscht Ihre Lasten gegen Gottes Ruhe ein,
wandelt Spannung in Gelassenheit und bringt Seelenfrieden statt Panik oder Druck. Der Geist der Versöhnung scheint heutzutage jedoch Mangelware zu sein.

**Glücklicherweise ist der dritte Grund, warum wir
Weihnachten feiern, *Versöhnung*!** Die dritte Ankündi-
gung des Engels an die Schafhirten von Bethlehem be-
traf den *„Friedefürst"*[53]. Wenn wir unser Vertrauen auf
ihn setzen, wird Jesus der Welt nicht nur beibringen, wie
man Frieden findet, sondern uns in die Lage versetzen,
auch tatsächlich ein Leben in Frieden zu führen.

" *Ehre sei Gott in der Höhe und Friede auf Erden*
bei den Menschen seines Wohlgefallens. "

LUKAS 2,14 (LUTHER)

Im vergangenen Jahr legte ich auf internationalen Reisen über 120.000 Kilometer zurück. In jedem Land, das ich besuchte, war ich Zeuge des universellen Problems: Es gab Konflikte. Sie können es in ländlichen Gegenden ebenso finden wie in hoch technologisierten Metropolen. Wirtschaftlicher Reichtum scheint letztlich überhaupt keinen Unterschied zu machen. Manchmal ist Technologie sogar die Ursache für die Polarisierung der Gesellschaft. Das Internet schafft Möglichkeiten für die Bildung von Millionen kleinster Subkulturen. Individuelle Nischen verschwinden zunehmend.

Dadurch, dass die Medien unsere individuellen Unterschiede immer mehr aufbauschen, um unterhaltsame Geschichten zu erschaffen, verliert unsere Gesellschaft immer schneller ihren Anstand. Statt Güte ist Grobheit auf dem Vormarsch. Auf meinen Reisen habe ich jede nur erdenkliche Form des Konflikts beobachtet – zwischen Rassen, Nationalitäten, Sprachgruppen und religiösen Gruppierungen, politischen und ethnischen Parteien sowie Reichen und Armen. Dann befasse ich mich als Pastor auch in meiner eigenen Gemeinde mit zwischenmenschlichen Konflikten in Ehen, Familien, Dienstbereichen, bei Nachbarn, Vereinen und Kirchenmitgliedern. Danach gehe ich nach Hause und wie in jeder anderen Familie gibt es auch dort große Meinungsverschiedenheiten.

Das traurige Ergebnis all dieser Konflikte ist, dass die Welt zugemüllt ist mit dem „Schutt" zerstrittener Häuser, verletzter Kinder, weggeworfener Freundschaften und zerstörter Partnerschaften. In meiner Umfrage unter den Weihnachtseinkäufern stellte ich die Frage: „Wo würden Sie sich an Weihnachten Frieden wünschen?" Folgende Antworten erhielt ich:

* „Ich hätte gerne Frieden mit meinen Eltern, meinem Ex-Partner und meinen Kindern."
* „Ich sähe gerne, dass die politischen Zankereien im Fernsehen ein Ende nähmen."
* „Ich brauche Frieden in meinen Gedanken und meinem Herzen."
* „Eine friedliche Nachbarschaft. Das Ende von Vorurteilen gegenüber Muslimen."

✦ „Wenn die Menschen friedvoller wären, wären sie vielleicht auch nicht so grob."

✦ „Ganz ehrlich, wenn wir nicht bald Frieden finden, wird meine Ehe hinüber sein."

✦ „Ich will, dass meine Mami und mein Papi wieder zusammenkommen."

✦ „Ich würde gerne überall Frieden sehen."

Ist Frieden auf Erden wirklich möglich oder ist es ein unerreichbares Wunschbild? Ist Höflichkeit – eine wohlwollende Einstellung zu jedermann – möglich, wenn die gegenwärtige Kultur uns dazu konditioniert, zynisch und höhnisch zu sein, den anderen herabzusetzen und zu beschimpfen und diejenigen zu erniedrigen und zu verteufeln, die einen anderen Glauben haben?

Der Ausgangspunkt für Frieden in Ihrem Leben ist das Verständnis für die Ursachen von Konflikten. Die erste „große" ist unser angeborener Egoismus. Wenn ich meinen Willen durchsetzen will, und Sie wollen Ihren durchsetzen, dann werden meine Ansichten und Ihre aneinandergeraten. Wenn keiner von uns bereit ist, aus Liebe einen Kompromiss einzugehen, werden die Fetzen fliegen. Dieses Szenario wird tagtäglich unzählige Male in Beziehungen durchexerziert. Selbst wenn Sie jemanden lieben, heißt das noch lange nicht, dass Sie mit ihm in allem übereinstimmen. Kay und ich lernten das während unserer Hochzeitsreise! Dementsprechend war der allererste Bibelvers, den wir als Frischvermählte gemeinsam auswendig lernten, der in Sprüche 13, Vers 10: *„Wer überheblich ist, zettelt Streit an; der Kluge lässt sich etwas sagen."* Und wir mussten uns diesen Vers sehr oft vor Augen halten!

Eine zweite Ursache für Konflikte ist unsere Erwartungshaltung, dass andere unsere Bedürfnisse befriedigen, was aber letztlich nur Gott tun kann. Wir fordern etwas von anderen, anstatt erwartungsvoll auf Gott zu schauen. Deswegen heiraten auch so viele Menschen mit unrealistischen Erwartungen und scheitern dann. Kein menschliches Wesen kann Ihre Bedürfnisse völlig stillen. Das ist Gottes Aufgabe.

Anstatt andere anzuklagen und ihnen vorzuwerfen, dass sie Ihre Bedürfnisse nicht stillen, empfiehlt die Bibel, Gott darum zu bitten: *„Wieso gibt es denn bei euch so viel Kämpfe und Streitigkeiten? Kommt nicht alles daher, dass ihr euren Leidenschaften und Trieben nicht widerstehen könnt? Ihr wollt alles haben und werdet nichts be-*

kommen. Ihr seid voller Neid und tödlichem Hass; doch gewinnen werdet ihr dadurch nichts. Eure Streitigkeiten und Kämpfe nützen euch gar nichts. Solange ihr nicht Gott bittet, werdet ihr nichts empfangen."[54] Wenn Sie so viel beten würden, wie Sie sich beklagen und streiten, hätten Sie weitaus weniger, worüber Sie sich mit anderen streiten könnten, und weitaus mehr Seelenfrieden.

Vor einigen Jahren lud mich ein Bekannter ein, mit ihm ein Seminar zum Thema „Stressmanagement" zu besuchen. Einer der Tipps, die der Leiter uns zur Stressbewältigung gab, lautete: „Bauen Sie Ihren Stress ab, indem Sie einem Unbeteiligten davon erzählen." Dann fügte er noch rasch hinzu: „Am besten wenden Sie sich an Ihr Haustier!" Ich saß da und war erstaunt, dass die Menschen bereit waren, dafür zu zahlen, dass jemand ihnen den Tipp gab, sie sollten ihrem Hamster ihr Herz ausschütten! Haustiere sind eine tolle Sache, aber sie können Ihnen nicht helfen, die Konflikte in Ihrem Leben zu lösen, die die Ursachen für Ihren Stress sind.

Der Apostel Paulus hatte eine viel bessere Alternative: *„Macht euch keine Sorgen! Ihr dürft Gott um alles bitten. Sagt ihm, was euch fehlt, und dankt ihm! Und Gottes Friede, der all unser Verstehen übersteigt, wird eure*

Herzen und Gedanken im Glauben an Jesus Christus be-
wahren.«[55]

Die Realität sieht folgendermaßen aus: Es wird niemals Frieden auf der Welt geben, solange es keinen Frieden zwischen den Völkern gibt. Und es wird so lange
keinen Frieden zwischen den Völkern geben, wie es keinen Frieden in unseren jeweiligen Gesellschaften gibt.
Es wird so lange keinen Frieden in unseren Gesellschaften geben, wie es keinen Frieden in unseren Familien
gibt. Und es wird so lange keinen Frieden in unseren
Familien geben, wie es keinen Frieden in unseren jeweiligen Leben gibt. Und das wird erst passieren, wenn der
Friedefürst in unserem Leben regiert.

Jesus kam an Weihnachten auf diese Welt, um uns
drei verschiedene Formen von Frieden zu bringen:

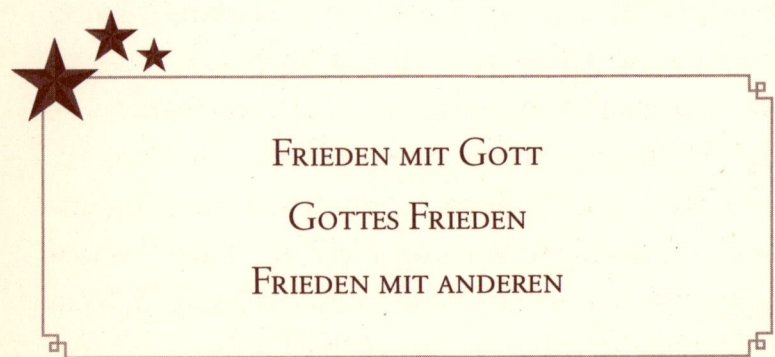

FRIEDEN MIT GOTT

GOTTES FRIEDEN

FRIEDEN MIT ANDEREN

Jesus bietet Ihnen Frieden mit Gott an

Vielleicht haben Sie noch nie gemerkt, dass Sie in einen Konflikt mit Gott treten, wenn Sie versuchen, Ihr Leben auf Ihre und nicht auf Gottes Weise zu leben. Er erschuf Sie, damit Sie seine Ziele für Ihr Leben verfolgen, aber Sie haben sich gegen Gott aufgelehnt. Die Bibel macht deutlich, dass das ein generelles Problem ist: *„Wir alle irrten umher wie Schafe, die sich verlaufen haben; jeder ging seinen eigenen Weg. Der Herr aber lud alle unsere Schuld auf ihn.“*[56] Dieser unausgesprochene Krieg mit Gott – in dem jeder von uns es vorzieht, Gottes Anweisungen zu missachten – sorgt für Anspannung in Ihrem Geist und für Verspannungen in Ihrem Körper.

Die Symptome dafür, dass man sich in einem Krieg mit Gott befindet, sind leicht zu erkennen: Reizbarkeit, schlechte Laune, Unsicherheit, Ungeduld, Manipulation, Arroganz und Aufschneiderei, Groll und viele andere Verhaltensweisen und Gewohnheiten, die die Bibel als „selbstsüchtige Wünsche" oder „Werke des Fleisches" bezeichnet. Die Bibel gibt uns folgende Umschreibung davon: „Gebt ihr [...] euren selbstsüchtigen Wünschen nach, ist offensichtlich, wohin das führt: zu sexueller Zügellosigkeit, einem sittenlosen und ausschweifenden Leben, zur Götzenanbetung und zu abergläubischem Vertrauen auf übersinnliche Kräfte. Feindseligkeit, Streitsucht, Eifersucht, Wutausbrüche, Intrigen, Uneinigkeit und Spaltungen bestimmen dann das Leben ebenso wie Neid, Trunksucht, üppige Gelage und vieles andere."[57] Gal 5,19-21

Im Gegensatz dazu zeigen sich die Auswirkungen eines versöhnten Lebens mit Gott – wenn man im Frieden mit ihm lebt – in Eigenschaften, die man gerne hätte. Die Bibel nennt sie die „Frucht des Geistes": „Dagegen Gal 5,22 bringt der Geist Gottes in unserem Leben nur Gutes hervor: Liebe und Freude, Frieden und Geduld, Freundlichkeit, Güte und Treue, Besonnenheit und Selbstbeherrschung."[58]

Ich habe viele Leute seelsorgerlich begleitet und dabei festgestellt, dass wir alle eine eingebaute Sehnsucht danach haben, in Frieden mit unseren biologischen Vätern zu leben. Diese Sehnsucht nach Verbundenheit ist fest in uns verankert. Selbst wenn Ihr Vater Ihnen gegenüber teilnahmslos war oder Sie verlassen oder sogar misshandelt hat, fehlt etwas, wenn diese Beziehung nicht besteht. Die Menschen tun alle möglichen dummen Dinge, um sich die Zuneigung eines Elternteils zu verdienen. Dies ist eben ein tiefsitzendes Bedürfnis.

Doch ein noch tiefer sitzendes, unbewusstes Bedürfnis ist die Versöhnung und Verbindung zu Ihrem Schöpfer, Ihrem himmlischen Vater. Die Menschen erzählen mir oft, dass sie eine Leere in ihrem Leben wahrnehmen, aber sie wissen nicht, wonach sie suchen. „Irgendetwas fehlt", sagen sie, oder: „Es muss doch im Leben noch mehr geben als nur das!" Also probieren sie alle möglichen Mittel aus – Aktivitäten, Anschaffungen, Aufputschmittel, Affären –, während sie versuchen, das Loch in ihrem Herzen zu stopfen. Was sie brauchen, ist eine Versöhnung mit Gott. Nichts anderes kann die zerbrochene Beziehung zu Gott aufwiegen.

Die gute Nachricht von Weihnachten ist, dass Jesus

zur Brücke der Versöhnung zwischen Ihnen und Gott wurde. In der Bibel wird dies treffend beschrieben: *„Denn Gott ist durch Christus selbst in diese Welt gekommen und hat Frieden mit ihr geschlossen, indem er den Menschen ihre Sünden nicht länger anrechnet."*[59] Und: *„Als wir noch seine Feinde waren, hat Gott uns durch den Tod seines Sohnes mit sich selbst versöhnt. Wie viel mehr werden wir, da wir jetzt Frieden mit Gott haben, am Tag des Gerichts bewahrt bleiben, nachdem ja Christus auferstanden ist und lebt."*[60]

Wie können Sie, eine unvollkommene Person, mit einem vollkommenen Gott versöhnt werden? Nun, das ist keine Frage des Kompromisses oder der Verhandlung mit Gott. Wenn Sie sich bedingungslos geschlagen geben, herrscht Frieden. Geben Sie zu, dass nicht Sie Gott sind, sondern Gott allein! Geben Sie die lächerliche Vorstellung auf, dass Sie besser als Ihr Schöpfer wissen, was am besten für Sie ist und was Sie glücklich macht. Geben Sie die rebellische Haltung auf, in der Sie sich aussuchen wollen, welchen von Gottes Geboten Sie folgen und welche Sie ignorieren.

Warum sollten Sie sich Gott ergeben? Nun, es ist eine Tatsache, dass es unmöglich ist, einen Krieg gegen

Gott zu gewinnen. Wie der Titel eines Broadwaymusi-cals aus den 1970er Jahren es treffend ausdrückt: „Your arm's too short to box with God!"[61] Auch Hiobs Freund gibt diesen Rat: *„Hiob, versöhn dich wieder mit Gott, schließ mit ihm Frieden, dann wird er dir sehr viel Gutes tun!"*[62]

„ *Fürchtet euch nicht! Siehe, ich verkündige euch große Freude, die allem Volk widerfahren wird.* "

Lukas 2,10 (Luther)

Jesus bietet Ihnen den Frieden Gottes an

Sobald Sie Frieden mit Gott schließen, werden Sie anfangen, in Ihrem Herzen und Ihrem Geist den Frieden zu erleben, den nur Gott schenken kann. Je mehr Sie beten, desto weniger werden Sie in Panik geraten. Je mehr Sie Gott anbeten, desto weniger Sorgen werden Sie haben. Sie werden mehr Geduld haben und weniger das Gefühl, unter Druck zu stehen. Die Bibel verspricht: *„Herr, du gibst Frieden dem, der sich fest an dich hält und dir allein vertraut!"*[63] Jes 26,3

Was raubt Ihnen Ihren Frieden? Die meisten Ursachen fallen in eine der drei folgenden Kategorien: unkontrollierbare Umstände (wie Krankheiten, Tod und Arbeitsplatzverlust), unveränderbare Personen (die sich weigern, mit Ihrem Plan, sie zu verändern, zu kooperieren) und unerklärbare Probleme (wenn das Leben unfair zu sein scheint). Die Menschen reagieren auf diese Friedensdiebe auf drei verschiedene Arten: Sie versuchen noch stärker, alles zu kontrollieren, aber dieses Vorhaben wird garantiert scheitern. Oder sie geben einfach mit einer fatalistischen Haltung auf, weil sie sich von den Umständen kontrolliert fühlen. Oder sie erreichen wahren Seelenfrieden, indem sie auf die Situation reagieren, wie Jesus es getan hat, und sich darauf verlassen, dass sein Heiliger Geist ihnen die Kraft dazu geben wird.

Wahrscheinlich haben Sie schon einmal etwas von dem Gelassenheitsgebet gehört, das durch Reinhold Niebuhr Bekanntheit erlangte, aber vermutlich haben Sie noch nie das gesamte Gebet gelesen. Das erste Drittel des Gebetes wird oft zitiert und ist auf Postern abgebildet. Doch um die im ersten Drittel erwähnte Gelassenheit zu erleben, müssen Sie auch den Schritten folgen, die im Rest des Gebets dargelegt werden:

Gott gebe mir die Gelassenheit,
die Dinge hinzunehmen, die ich nicht ändern kann,
den Mut, die Dinge zu ändern, die ich ändern kann,
und die Weisheit, das eine vom anderen zu unterscheiden.

Dass ich einen Tag nach dem anderen lebe,
den Augenblick genieße,
Schwierigkeiten als Pfad zum Frieden erkenne.
Dass ich so wie Jesus diese sündige Welt annehme,
wie sie ist,
und nicht, wie ich sie gerne hätte.

Ich vertraue ihm, dass er alle Dinge zum Rechten wendet,
wenn ich mich ihm beuge;
dass er mich in diesem Leben glücklich macht
und meine Glückseligkeit im nächsten Leben
vollkommen sein wird.

Der Weg zu Gottes Frieden besteht darin, dass man einen Tag nach dem anderen lebt und genießt; akzeptiert, was man nicht ändern kann, anstatt darüber traurig zu sein; dass man Gottes Liebe, Fürsorge und Weisheit vertraut und sich seinem Zweck und Plan für das eigene

Leben überlässt. Jesus hat uns dieses Versprechen gegeben: *„Kommt alle her zu mir, die ihr euch abmüht und
unter eurer Last leidet! Ich werde euch Ruhe geben. Lasst
euch von mir in den Dienst nehmen, und lernt von mir! Ich
meine es gut mit euch und sehe auf niemanden herab. Bei
mir findet ihr Ruhe für euer Leben.“*[64] Mt 11,28f

Joh 14,26f

JESUS ZEIGT IHNEN, WIE FRIEDEN
MIT ANDEREN MÖGLICH IST

Sobald Sie Frieden *mit* Gott geschlossen haben und anfangen, den Frieden Gottes in Ihrem Herzen zu erleben, möchte Gott, dass Sie die Freude erfahren, mit allen Personen in Ihrem Leben in Frieden zu leben. Er tut das, indem er Sie in einen Friedensstifter verwandelt. Er schenkt Ihnen die Sehnsucht und dann die Fähigkeit und Kraft, sich mit Menschen zu versöhnen, mit denen Sie Konflikte hatten. *„All dies verdanken wir Gott, der durch Christus mit uns Frieden geschlossen hat. Er hat uns beauftragt, diese Botschaft überall zu verkünden."*[65] Wenn Christus in Ihr Leben kommt, ist einer der ersten Bereiche, in denen Sie Veränderungen sehen, der Bereich Ihrer Beziehungen.

Wünschen Sie sich Gottes Segen für Ihr Leben und Ihre Karriere? Jesus sagt: *„Glücklich sind, die Frieden stiften, denn Gott wird sie seine Kinder nennen."*[66] Jedes Mal, wenn Sie eine zerbrochene Beziehung wiederherstellen, tun Sie, was Gott tun würde. Und wenn Sie dabei mithelfen, andere Menschen zusammenzubringen, die sich voneinander entfernt haben, verhalten Sie sich wie Christus. Die Bibel bezeichnet dies als den *„Dienst der Versöhnung"*. Gott schaut auf Sie herunter und sagt: „Genau! So ist es richtig! Du tust, was ich getan habe." Die wahren Kinder Gottes sind Friedensstifter, nicht Fehdenstifter.

Bedenken Sie, dass Jesus nicht sagte: „Glücklich sind die Friedliebenden", denn jeder *liebt* Frieden. Genauso wenig sagte er: „Glücklich sind die Konfliktscheuen", die sich nie durch etwas stören lassen. Jesus sagte: *„Glücklich sind die Friedensstifter."*

Was bedeutet es, ein Friedensstifter zu sein? Es bedeutet nicht, dass man Konflikte vermeidet. Es bedeutet nicht, dass man vor einem Problem davonrennt oder vorgibt, dass es keines gibt. Wenn jemand sagt: „Ich will nicht darüber reden", ist das Feigheit und nicht Friedenstiften. Wenn Sie die Auseinandersetzung mit dem Konflikt hinausschieben, wird er nur größer und schlimmer. Friedenstiften ist auch nicht Beschwichtigungspolitik. Immer nur nachzugeben und anderen Menschen alles zu erlauben, ist Passivität und kein Friedenstiften. Jesus sagte nie, dass Sie ein Fußabtreter oder ein Chamäleon sein und Ihre Identität ablegen müssen. In der Tat ließ Jesus nie zu, dass andere ihn in eine Schublade steckten.

Frieden zu stiften bedeutet, dass Sie sich aktiv um die Beendigung eines Konfliktes bemühen, dass Sie die Initiative ergreifen, wenn es darum geht, Versöhnung herbeizuführen, wenn Beziehungen zerbrechen, und dass Sie denjenigen, die Sie verletzt haben, Vergebung anbieten. Sie legen im Miteinander dieselbe Gnade an den Tag, die Gott auch Ihnen erwiesen hat. Sie bringen Menschen zusammen und nicht auseinander. *„Nur wer selber Frieden schafft, wird die Gerechtigkeit ernten, die dort aufgeht, wo Frieden herrscht."*[67]

Viele Menschen sind ausgesprochen zurückhaltend, wenn es darum geht, angeknackste Beziehungen wieder zu kitten, weil sie den Unterschied zwischen Vergebung und Vertrauen oder den zwischen Versöhnung und Klärung nicht verstehen. Sie haben Angst, dass sie zu einer verletzenden und dysfunktionalen Beziehung ohne die Chance auf Veränderung zurückkehren müssen, wenn sie den Streit schlichten. Das ist ein falsches Verständnis von Vergebung.

Zunächst einmal ist Versöhnung nicht dasselbe wie Klärung. Versöhnung bedeutet das Ende der Feindseligkeit. Es bedeutet jedoch nicht, dass alle Probleme in der Beziehung geklärt sind. Sie begraben das Kriegsbeil, nicht aber den eigentlichen Sachverhalt. Sie sprechen weiter über die problematischen Themen und arbeiten daran, aber jetzt mit Respekt und Liebe statt mit Sarkasmus und Wut. Sie können darin übereinstimmen, dass sie verschiedener Meinung sind. Versöhnung richtet ihren Blick auf die Beziehung, während Klärung sich auf das Problem konzentriert. Richten Sie Ihre Aufmerksamkeit also immer erst auf die Beziehung. Wenn Sie das tun, wird das Problem kleiner und manchmal sogar bedeutungslos oder löst sich von selbst in Luft auf.

Zweitens gibt es einen großen Unterschied zwischen Vergebung und Vertrauen. Vergebung sollte sofort und bedingungslos gewährt werden. Wir bieten sie anderen in derselben Weise an, wie Gott uns vergeben hat. Wir vergeben, sodass wir mit unserem Leben fortfahren können, anstatt infolge von Groll und Bitterkeit in der Vergangenheit steckenzubleiben. Wir denken daran, dass Jesus auch sagte: *„Wenn ihr ihnen aber nicht vergeben wollt, dann wird Gott auch eure Schuld nicht vergeben.“*[68] *Mt 6,15*

Vertrauen wiederherzustellen ist etwas ganz anderes. Vergebung bezieht sich auf die Vergangenheit. Vertrauen bezieht sich auf die Zukunft und muss im Laufe der Zeit verdient werden. Vertrauen kann in einer Sekunde verloren gehen, und es braucht lange, um es wieder aufzubauen. Wenn Sie eine Beziehung hatten, in der Sie körperlich misshandelt wurden, erwartet Gott zwar, dass Sie dieser Person vergeben, damit die Bitterkeit nicht Ihr Leben vergiftet, aber Gott erwartet nicht, dass Sie zulassen, weiterhin misshandelt zu werden.

Hier einige einfache Schritte, um ein Friedensstifter zu sein:

✱ Ergreifen Sie die Initiative und planen Sie eine Friedenskonferenz.

✱ Fühlen Sie sich in die Emotionen anderer hinein,

und hören Sie zu, um zu zeigen, dass Sie sich dafür interessieren.

* Gehen Sie das Problem an, nicht die Person. Sprechen Sie die Wahrheit in Liebe aus.

* Arbeiten Sie zusammen, wann immer es möglich ist. Halten Sie Ausschau nach gemeinsamen Fundamenten.

* Betonen Sie, dass es Ihnen zunächst einmal um Versöhnung geht, nicht primär um die Klärung des Problems.

Erlauben Sie der Person, die Sie in der Vergangenheit verletzt hat, Sie auch jetzt wieder zu verletzen? Jedes Mal, wenn Sie die Zeit in Ihrem Kopf zurückdrehen und die Geschehnisse wie einen Film immer und immer wieder abspielen, erlauben Sie es ihr, Sie erneut zu verletzen. Das ist unklug. In der Bibel heißt es dazu: *„Du zerfleischst dich selbst in deinem Zorn!"*[69] Hi 18,4

Zorn ist selbstzerstörerisch, weil er Sie selbst am meisten verletzt und Ihren Schmerz verlängert. Während die Person, die Sie verletzt hat, ihr Leben weiterlebt, führt die Wut dazu, dass Sie in der Vergangenheit steckenbleiben. Sie müssen die Erfahrung loslassen.

Weihnachten, *„die Zeit der Liebe und des Friedens auf Erden"*, ist die perfekte Zeit, um anderen das Geschenk der Gnade anzubieten, während Sie selbst die Gnade Gottes feiern, die er Ihnen erwiesen hat. Mit wem müssen Sie in diesem Jahr an Weihnachten Frieden schließen? Sie denken womöglich: *Ich könnte dieser Person nie vergeben. Die Erinnerungen sind zu schmerzhaft und es tut einfach zu weh.* Deswegen brauchen Sie Jesus, Ihren Retter. Nur wenn Sie selbst spüren, dass Ihnen vollkommen vergeben wurde, werden Sie dazu in der Lage sein, denjenigen zu vergeben, die Sie verletzt haben. Nur wenn Sie mit der Liebe Jesu erfüllt sind, werden Sie imstande sein, Ihre Verletzungen loszulassen und Ihr Leben fortzuführen.

Packen Sie Ihr
Weihnachtsgeschenk aus

Wenn Sie alles hergeben mussten, was Sie besitzen, um mir ein unbezahlbares und absolut persönliches Weihnachtsgeschenk zu kaufen, und ich nehme mir nie die Zeit, um es auszupacken und zu öffnen – wie würden Sie sich dann fühlen? Sie wären enttäuscht, verletzt und verärgert über meine gefühllose Ablehnung Ihrer großzügigen Liebe. Und wenn ich es eingepackt in einer Ecke liegen ließe, wäre das Geschenk für mich wertlos. Es hätte für mich keinen Nutzen.

Es ist erstaunlich, dass so viele Menschen jedes Jahr Weihnachten gefeiert haben, ohne jemals ihr größtes und wertvollstes Weihnachtsgeschenk geöffnet zu haben. Jesus Christus ist Gottes Weihnachtsgeschenk für Sie. In Jesus sind alle Vorteile und jeder Segen eingepackt, die in diesem Buch erwähnt werden – und noch viele mehr! In Jesus ist Ihnen alles Vergangene vergeben, Sie finden einen Sinn für Ihr Leben und bekommen eine Heimat im Himmel. Warum feiern Sie Weihnachten, wenn Sie das beste Geschenk von allen nicht öffnen?

Jesus wird in der Bibel auch „Immanuel" genannt, und das bedeutet: *„Gott ist mit uns."*[70] Jetzt, in diesem Augenblick, sagt Jesus zu Ihnen: „Ich kann die Frustration in deinem Herzen durch Frieden ersetzen. Ich kann deine Schuld und deine Scham durch Vergebung ersetzen. Ich kann deine Sorgen durch Vertrauen ersetzen. Ich kann deine Depressionen durch echte Hoffnung ersetzen. Ich kann deine Leere mit Bedeutung und einem Zweck füllen. Wenn du mir vollkommen vertraust, kann ich dein Chaos durch Klarheit ersetzen. Aber ich werde die Tür zu deinem Herzen nicht eintreten. Du musst mich hereinbitten." Sind Sie dazu bereit?

Ganz gleich, ob Sie Katholik, Protestant, Jude, Muslim, Buddhist oder Hindu sind oder gar keinen religiösen Hintergrund haben – Gott sandte Jesus nicht auf diese Welt, um uns eine Religion zu bringen! Jesus kam, um eine Beziehung zu Gott zu ermöglichen: *„So freuen wir uns nun darüber, dass wir wieder eine Beziehung zu Gott haben – weil Jesus Christus, unser Herr, uns mit Gott versöhnt hat.“*[71] Röm 5,11

Vor vielen Jahren sprach ich ein einfaches, verbindliches Gebet, das mein Leben verändert hat. Ich habe es auf Seite 122 aufgeschrieben und hoffe, dass es auch zu Ihrem Gebet wird. Aber zunächst möchte ich für Sie beten.

Mein Gebet für Sie

Vater, während ich diese Worte schreibe, bete ich für
jeden, der sie lesen wird. Ich kenne die Umstände
nicht, in denen sich die Leser zurzeit befinden, aber du
kennst sie. Du weißt um jedes Detail ihres Lebens bis zu
diesem Augenblick und du liebst sie aus tiefstem Herzen.
Danke, dass du sie erschaffen hast, dass du sie liebst und
dass du Jesus geschickt hast, um ihr Retter zu sein.
Du hast diesen Augenblick schon geplant,
bevor sie geboren wurden, also weiß ich,
dass du das Gebet hören wirst, das sie beten werden.
Ich danke dir, Gott.

Jetzt möchte ich Sie dazu einladen, die wahre Bedeutung von Weihnachten zu erleben, indem Sie das folgende Gebet lesen, als wäre es das Ihre. In der Bibel heißt es: *„Er liebt alle Menschen, ganz gleich, zu welchem Volk sie gehören, wenn sie ihn nur ernst nehmen und tun, was vor ihm recht ist."*[72] Wenn Sie gerade alleine sind, möchte ich Sie sehr dazu ermutigen, es zweimal zu lesen – erst leise und dann laut.

IHR WEIHNACHTSGEBET

Guter Gott, danke, dass du Jesus, deinen Sohn, geschickt hast, damit ich dich kennenlernen kann. Danke, dass du mich liebst. Danke, dass du immer bei mir gewesen bist, auch wenn ich mir dessen nicht bewusst war. Mir ist klar geworden, dass ich einen Retter brauche, der mich von der Sünde und von mir selbst befreit und von allen Gewohnheiten, Verletzungen und Komplexen, die mein Leben so durcheinanderbringen. Ich bitte dich, mir meine Schuld zu vergeben. Ich bereue all die Dinge, die falschgelaufen sind und -laufen, und möchte das Leben leben, das du für mich geplant hast. Sei der Herr meines Lebens und rette mich durch deine Gnade.

Erlöse mich von meinen Sünden und befreie mich,
damit ich dein Ziel für mein Leben verfolge.
Ich möchte lernen, dich zu lieben, dir zu vertrauen und
die Person zu werden, als die du mich erschaffen hast.
Danke, dass du mich geschaffen und auserwählt hast,
Teil deiner Familie zu sein.
Im Glauben nehme ich jetzt das Weihnachtsgeschenk
in Form deines Sohnes an. Danke, dass du mich liebst,
dass du immer bei mir bist und dass du für mich bist!
Erfülle mich mit deinem Frieden und deiner Sicherheit,
sodass ich ein Friedensstifter sein kann, und hilf mir,
diese Botschaft des Friedens mit anderen zu teilen.
In deinem Namen bete ich dieses Gebet, Amen.

Haben Sie diese Worte wirklich als aufrichtiges Gebet zu Gott gesprochen? Wenn ja, gratuliere ich Ihnen! Herzlich willkommen in Gottes Familie! In der Bibel wird uns gesagt, dass im Himmel jedes Mal ein riesiges Fest gefeiert wird, wenn jemand sein Leben neu an Jesus festmacht.[73] Wenn Sie jetzt das Geschenk von Gottes Gnade im Glauben angenommen haben, werden die Engel im Himmel eine Party für Sie schmeißen, *genau jetzt, in diesem Augenblick!*

Und was kommt jetzt?

S ie sollten als Erstes anderen davon erzählen, dass Sie sich entschieden haben, Ihr Leben Christus anzuvertrauen! Wenn sie fragen: „Was bedeutet denn das?", dann geben Sie ihnen einfach dieses Buch! Sie könnten auch eine Geburtstagsparty für Jesus feiern, um die Neuigkeiten dort mit anderen zu teilen.

Falls dieses Buches dazu beigetragen hat, dass Sie Ihr Leben nun mit Jesus leben wollen, dann lassen Sie es mich bitte wissen. Ich werde Ihnen dann einen freien Zugang zu meinen täglich per E-Mail verschickten Impulsen geben. Senden Sie einfach Ihre Geschichte per E-Mail an: *rick@thepeaceplan.com*.

Ein zweiter Schritt besteht darin, in eine Gemeinde zu gehen. Falls Sie keine Bibel besitzen, kann man Ihnen dort mitteilen, wo Sie eine bekommen können. Dort kann man Ihnen auch helfen, sich taufen zu lassen, um so Ihrem Glauben öffentlich Ausdruck zu verleihen.

Der dritte Schritt wäre, die Botschaft des Friedens mit anderen zu teilen. Geben Sie dieses Buch an einen Freund weiter. Oder verschenken Sie gleich mehrere zu Weihnachten. Das tollste Geschenk, das Sie jemandem machen können, ist, ihm von der Guten Nachricht zu erzählen!

Zu guter Letzt: Halten Sie Ausschau danach, wie Sie *„Liebe und Frieden auf Erden"* praktisch fördern können. Ich würde Ihnen gerne Informationen über den P.E.A.C.E.-Plan schicken, den wir in Saddleback entwickelt haben. Es ist eine persönliche, lokale und globale Strategie, durch die ganz gewöhnliche Menschen etwas bewegen können, wo auch immer sie sind. P.E.A.C.E. steht für „**P**romote reconciliation, **E**quip servant leaders, **A**ssist the poor, **C**are for the sick, and **E**ducate the next generation". (Fördert Versöhnung, rüstet dienende Führungspersönlichkeiten aus, hilft den Armen, kümmert euch um die Kranken und schult die nächste Generation.) Sie werden gebraucht und auch Sie können etwas bewegen – als Partner oder professioneller Mitarbeiter bei P.E.A.C.E.

Wenn Sie mehr Informationen wollen, dann schicken Sie eine E-Mail an rick@thepeaceplan.com und besuchen Sie unsere Internetseite: www.thepeaceplan.com.

Weitere sinnvolle Materialien finden Sie auch auf: www.saddlebackresources.com sowie auf www.kirchemitvision.de.

Frohe Weihnachten!

Tipps für den Heiligen Abend

✶ Singen Sie einige Weihnachtslieder.

✶ Lesen Sie die Weihnachtsgeschichte aus der Bibel vor: Lukas 2,1–20; Matthäus 1,18–2,12.

✶ Jeder Anwesende sollte, wenn er dazu bereit ist, folgende zwei Fragen beantworten:
„Wofür bin ich Gott dieses Jahr dankbar?“
„Was werde ich Jesus in diesem Jahr zum Geburtstag schenken?“

✶ Beenden Sie den Abend, indem Sie füreinander beten.

ANMERKUNGEN

1 Johannes 3,16

2 1. Mose 1,26

3 1. Timotheus 6,17

4 Psalm 145,9

5 Jakobus 1,18

6 Epheser 3,18.19

7 Psalm 139,7

8 siehe Matthäus 1,23

9 Hebräer 13,5

10 Jesaja 43,2

11 Matthäus 20,32 und Markus 10,51

12 1. Korinther 11,24

13 Römer 8,31

14 Jeremia 29,11

15 1. Johannes 4,17–18

16 Johannes 3,17

17 Epheser 2,10

18 Prediger 7,20

19 Römer 3,23

20 1. Johannes 1,8.10

21 Römer 7,15–17

22 Jesaja 59,2

23 Psalm 118,5

24 Römer 6,23

25 2. Korinther 5,21

26 Sprüche 29,25

27 1. Johannes 4,18

28 Epheser 1,4–5

29 Römer 8,31

30 Römer 8,33

31 Psalm 27,10

32 Papst Benedikt XVI.: „Jesus von Nazareth". Herder Verlag, 2007, S. 327.

33 Johannes 8,36

34 Hebräer 2,14–15

35 Epheser 1,4–5

36 Jesaja 53,6

37 2. Korinther 5,15

38 Römer 6,13

39 Markus 8,35

40 Johannes 6,28–29

41 Johannes 19,30

42 Epheser 2,8–9

43 Römer 3,23

44 Kolosser 2,14

45 1. Johannes 2,2

46 1. Johannes 4,10

47 2. Korinther 9,15

48 2. Petrus 1,3

49 siehe Römer 4,5

50 Hebräer 11,6

51 Johannes 14,1

52 Matthäus 27,40

53 siehe Jesaja 9,5–6

54 Jakobus 4,1–2

55 Philipper 4,6–7

56 Jesaja 53,6

57 Galater 5,19–21

58 Galater 5,22–23

59 2. Korinther 5,19

60 Römer 5,10

61 Auf Deutsch: „Dein Arm ist zu kurz für einen Boxkampf mit Gott."

62 Hiob 22,21

63 Jesaja 26,3

64 Matthäus 11,28–29

65 2. Korinther 5,18

66 Matthäus 5,9

67 Jakobus 3,18

68 Matthäus 6,15

69 Hiob 18,4

70 Matthäus 1,23

71 Römer 5,11 (Neues Leben Bibel)

72 Apostelgeschichte 10,35

73 siehe Lukas 15,7